经济新常态下事业单位经济管理创新路径研究

解贺然 著

吉林大学出版社

·长春·

图书在版编目（CIP）数据

经济新常态下事业单位经济管理创新路径研究 / 解贺然著. —— 长春：吉林大学出版社，2023.4
ISBN 978-7-5768-1658-7

Ⅰ.①经… Ⅱ.①解… Ⅲ.①行政事业单位–经济管理–研究–中国 Ⅳ.① F812.2

中国国家版本馆 CIP 数据核字 (2023) 第 079520 号

书　　名	经济新常态下事业单位经济管理创新路径研究
	JINGJI XINCHANGTAI XIA SHIYE DANWEI JINGJI GUANLI CHUANGXIN LUJING YANJIU
作　　者	解贺然
策划编辑	矫正
责任编辑	李潇潇
责任校对	王寒冰
装帧设计	久利图文
出版发行	吉林大学出版社
社　　址	长春市人民大街 4059 号
邮政编码	130021
发行电话	0431-89580028/29/21
网　　址	http://www.jlup.com.cn
电子邮箱	jldxcbs@sina.com
印　　刷	天津和萱印刷有限公司
开　　本	787mm×1092mm　1/16
印　　张	12
字　　数	150 千字
版　　次	2023 年 4 月　　第 1 版
印　　次	2023 年 4 月　　第 1 次
书　　号	ISBN 978-7-5768-1658-7
定　　价	58.00 元

版权所有　翻印必究

前　言

　　行政事业单位是政府利用国有资产建立的社会服务组织，多数不是自负盈亏的生产单位。随着当今经济和社会的不断发展，公共机构的资金来源越来越多元化。为了在当前的发展浪潮中立足，行政事业单位有必要不断吸收经济管理行为的以往经验，不断改革创新，优化管理行为策略，以促进单位的长期稳定发展。随着中国经济发展进入"新常态"，事业单位经济管理重要性越发凸显。经济新常态下，国家要求事业单位通过改革来转变事业单位传统的运营模式，通过经济的改革，来推动事业单位提质增效。但是，在当前国内部分事业单位的转型发展以及开展企业化改革的过程中会遇到一些障碍和困难。因而，事业单位要根据自身的发展状况和资源基础，来寻求适合自身发展的道路。事业单位应结合国家制定的事业改革政策和产业发展规划，来引导事业单位未来的发展方向，并推动单位内部的改革以及转换经济运行方式，来实现提质增效的目的。

　　基于此，本书以经济新常态为视角，探讨事业单位如何创新经济管理方式方法，以期提高事业单位的经济管理水平，从而实现事业单位的长效可持续的稳定发展。

　　全书共设置七章。本书以事业单位的范畴界定为开端，对"经济发展新常态"进行理论解读，并从事业单位经济管理的意义、目标和存在的问题对事业单位经济管理做以简要概述；分别从预算管理、财务管理、风险管理、资产管理、内部控制五个方面探讨事业单位在经济新常态下的经济管理创新路径；最后，以河北省城乡居民基本医保基金运营管理为例，对经济新常态下事业单位经济管理进行实证分析。

　　虽然本书力求探索事业单位经济管理的创新路径，并结合当前事业单位经济管理实践，期望能够构建具备实践解释能力以及理论综合认识能力的事业单位经济理论框架，但整体而言本书的探索仍是初步和浅显的。对事业单位经济管理实践经验的总结需要持续进行，对事业单位经济管理理论框架的构建也并非一朝一夕能够完成，从探索、构建到达成共识，基于经济新常态的事业单位经济管理的理论研究仍是个漫长的研究路程。据此，笔者在今后的工作中将持续关注该课题的研究。

解贺然
2022 年 6 月 20 日

目　录

第一章　经济新常态下事业单位经济管理概述 ………………… 1
　　一、事业单位的范畴界定 ………………………………………… 1
　　二、关于"经济发展新常态"的理论解读 ……………………… 5
　　三、事业单位经济管理概述 …………………………………… 14

第二章　经济新常态下事业单位预算管理创新路径 …………… 18
　　一、主要内容 …………………………………………………… 19
　　二、创新路径 …………………………………………………… 32

第三章　经济新常态下事业单位财务管理创新路径 …………… 45
　　一、主要内容 …………………………………………………… 45
　　二、创新路径 …………………………………………………… 59

第四章　经济新常态下事业单位风险管理创新路径 …………… 74
　　一、主要内容 …………………………………………………… 74
　　二、创新路径 …………………………………………………… 91

第五章　经济新常态下事业单位资产管理创新路径 …………… 99
　　一、主要内容 ………………………………………………… 100
　　二、创新路径 ………………………………………………… 114

第六章　经济新常态下科学构建事业单位内部控制体系的创新路径 … 124
　　一、主要内容 ………………………………………………… 124

二、创新路径 ·· 141

第七章　经济新常态下事业单位经济管理实证分析
　　　　——以河北省城乡居民基本医保基金运营管理为例 ·········· 156
一、河北省城乡居民基本医保基金运行及结余情况 ············ 156
二、完善河北省城乡居民基本医保基金运营的建议 ············ 177

参考文献 ·· 185

第一章　经济新常态下事业单位经济管理概述

事业单位作为国家的重要组成部分，在经济发展以及社会管理中占有重要地位。随着中国经济发展进入"新常态"，事业单位经济管理重要性越发凸显。然而，就事业单位经济发展现状而言，仍然存在诸多问题，这些问题对事业单位健康稳定发展及服务功能的发挥产生了较大影响。有些事业单位已经无法适应当代社会的需求，事业单位面临改革与转型的发展趋势。事业单位进行经济管理面临内外部环境的双重压力，需转变传统的行政管理模式，加快内部经济管理改革，明确在经济新常态下的经济管理目标，针对不同的发展目标选择不同的管理措施，推动事业单位的经济管理取得明显效果，保证事业单位持续、良好发展，更好地为社会提供公共服务。

本章首先界定事业单位的范畴，其次对"经济发展新常态"进行理论解读，最后从事业单位经济管理的意义、目标和存在的问题对事业单位经济管理做以简要概述。

一、事业单位的范畴界定

事业单位作为公共产品和公共服务的主要提供者，是政府履行公共服务职能的重要机构，在推动经济社会发展和改善民生等方面发挥了重要作用。本章对事业单位范畴进行界定主要涵盖以下内容：事业单位的职责及地位，事业单位概念的演变及不同说法，本书对事业单位的范畴界定，以前为基础对事业单位的分类标准及现有类别进行的分析。

（一）事业单位的职责和地位

事业单位是对非政府机关、群众团体、企业组织等社会公共服务型事业组织的一种约定俗成的称呼。它是我国特有的一类组织，是在计划经济体制下形成的，沿袭至今仍一直是我国的第二大类组织。在我国，大多数事业单位建立的目的是提供公共服务，服务领域涵盖教育、科技、文化、卫生、体育、农业、交通及其他公共管理等。

（二）事业单位概念的演变

"事业单位"这个概念最早出现在1955年第一届全国人大第二次会议《关于1954年国家决算和1955年国家预算的报告》中，并一直沿用至今。对事业单位进行界定则始自1963年《国务院关于编制管理的暂行办法（草案）》，其定义为：事业单位是为国家创造或者改善生产条件，促进社会福利，满足人民文化、教育、卫生等需要，其经费由国家事业费开支的单位。随后，人们对事业单位的认识不断变化，各类观点相继出现在政府条例、部门文件、工具书、研究著作中。其中较为典型的有1998年国务院发布的《事业单位登记管理暂行条例》将事业单位定义为：事业单位是国家为了社会公益目的，由国家机关举办或其他组织利用国有资产举办的，从事教育、科技、文化、卫生等活动的社会服务组织。1999年全国人大常委会通过的《中华人民共和国公益事业捐赠法》将其定义为：依法成立的，从事公益事业的，不以营利为目的的教育机构、科学研究机构、医疗卫生机构、社会公共文化机构、社会公共体育机构和社会福利机构等。成思危将事业单位定义为：为了社会公益目的，由各级政府、企业法人、社团法人或公民个人出资以及上述法人和自然人的某种合资形式依法举办的，依法自主运作，独立承担民事责任，从事教育、科技、文化、卫生、体育等方面的非营利性社会服务活动的独立法人。进入21世纪以来，政府的公共服务职能被高度重视，建立公共财政的理念深入人心，许多人把事业单位与政府及政府公共服务联系起来，多方面阐述事业单位的公共性。一些学者认为：事业单位是政府举办的、向社会提供公共服务的公共机构，是一种"非机关形态的公共机构"，甚至主张用"公共服务组织（Public Service Unit）"取代"事业单位"概念。行政法规层面也已将事业单位明确定性为公共机构，如2008年发布的《公共机构节能条例》第二条规定本条例所称公共机构是指全部或部分使用财政性资金的国家机关、事业单位和团体组织。

（三）事业单位的范畴界定

事业单位概念虽多次演变，各有不同，但都强调事业单位提供服务的公共性、公益性、非营利性和服务领域的广覆盖性，因此本书认为，事业单位是指基于遵循公共服务理念、满足社会公益目的，而由各级政府机关、非政府组织、个人及其合伙形式依法举办、依法运行的非营利性公共机构或组织，其从事的事业范围包括教育、科技、文化、卫生、体育、农业、交通及其他公共管理等。要正确理解这一概念，需把握以下几个方面：第一，"事业单位"概念与"事业"范畴密切相关，两者常常混用；第二，"事业单位"是约定俗成、不断演变、不断扩充的概念；第三，"事业单位"概念含有的所有制意义有所弱化，民办"非营利组织"越来越多；第四，事业单位的非营利性不断强化，"服务性""公益性"等均得到不同程度的强化；第五，"事业"范畴有所扩充，但相对稳定，集中在教育、科技、文化、卫生、体育等主要活动领域。

（四）事业单位类别分析

为了更好地分析事业单位及其经济管理问题，有必要明确界定事业单位的类别。目前，关于事业单位的分类有多种标准，一般来说，对事业单位的划分有三种：

一是按照财政管理方式划分，即按照事业资金是否由财政全额支出划分，可以将事业单位划分为全额拨款事业单位、差额补贴事业单位、自收自支事业单位三大类。目前，事业单位的这一分类为许多管理制度和研究人员采纳和使用。

二是按照事业单位的职责性质划分，即按照事业是否为政府必须履行的职能，分为担当行政角色的、担当社会角色的、担当市场角色三大类。这与中央机构编制委员会办公室（简称中编办）的分类基本一致，中编办经国务院批准制定的《关于事业单位分类及相关改革的试点方案》征求意见稿按照社会功能，将事业单位划分为承担行政职能的、从事公益服务的和从事生产经营活动的三大类。

三是按照事业单位提供服务的行业划分，即按照事业单位从事事业的领域划分，中编办将事业单位分为二十五类。包括：教育事业单位，科学研究事业单位，勘察设计事业单位，勘探事业单位，文化事业单位，新闻出版事业单位，广播影视事业单位，卫生事业单位，体育事业单位，交通事业单位，气象事业单位，地震事业单位，海洋事业单位，环境保护事业单位，测绘事业单位，信息咨询事业单位，标准计量、技术监督、质量检测事业单位，知识产权事业单位，物资仓储、供销事业单位，房地产服务、城市公用事业单位，社会福利事业单位，经济监督事务事业单位，机关后勤服务事业单位，其他事业单位。

基于上述分类并结合事业单位改革的基本导向，本书将事业单位进行了两种分类。一是按照职责性质将事业单位分为四大类：准政府类、纯公益类、准公益类和纯经营类（表1-1）。对于承担行政职能的准政府类事业单位要改革，转为行政机构，但要严格控制范围；对于完全从事公益服务的事业单位划为纯公益类事业单位予以保留，给予全额财政拨款；对于完全从事生产经营活动的事业单位划为纯经营类事业单位予以转企改制，实行市场化，转为公司或企业，不再给予财政拨款；对于部分从事公益服务、部分从事生产经营的事业单位划为准公益类事业单位予以保留，但只给予差额财政拨款。

表1-1 事业单位的基本类别及改革导向列表

事业单位类型	基本职能	改革导向
准政府类	主要承担行政职能	转为行政单位，但要严格控制范围
纯公益类	完全从事公益服务	予以保留，给予全额财政拨款
准公益类	部分从事公益服务、部分从事生产经营	予以保留，但只给予差额财政拨款
纯经营类	完全从事生产经营活动	予以转企改制，实行市场化，转为公司或企业，不再给予财政拨款

二是按照服务的行业来划分，将事业单位分为八大类，即：教育类、科技类、文化类（含文物、体育）、卫生类、农业类（含农林水气）、交通仓储类（简称交通类）、公共管理和社会组织类（简称组织类）、其他类。

二、关于"经济发展新常态"的理论解读

2014年5月,习近平河南考察时首次提出"新常态"的概念。习近平指出,面对中国经济发展的重要机遇期和战略期,我们要增强信心,把握中国经济的基本特征,主动适应经济的新常态,保持平常心态[①]。这也是习近平首次用"新常态"来叙述现阶段的中国经济态势。同年7月29日,在和党外人士的座谈会上,习近平进一步强调:"正确认识经济发展具有阶段性特征,快速把思想和行动统一起来,积极配合中央决策部署,进一步适应新常态,增强自信心,推动经济可持续发展。"[②]

2014年11月,习近平在亚太经合组织(APEC)工商领导人峰会上,首次向世界一百多家跨国公司的领导人及工商界领袖系统地阐述了中国经济发展新常态的基本特征、经济发展新常态孕育的新机遇以及适应经济发展新常态的策略等核心问题[③]。APEC工商领导人峰会历来是中国向世界表达经济发展方向和回应各种外界关注的重要会议。之前有数据显示,中国前三个季度的经济增长是7.4%,为此,国际社会中的某些国家对中国经济下行产生了担忧。而习近平指出:中国经济增长速度的减缓、经济结构的优化升级以及经济增长动力的转变是中国经济"新常态"的几个主要特点。特别是经济发展动力多元化发展且向创新驱动转变,以及虽然经济增长速度有所减缓,但是经济增长量在全球还是名列前茅的,中国经济今后增长速度也更趋平稳,因此,经济发展的"新常态"实际给中国带来的是新的发展和机遇。此外,习近平还重点强调以目前中国经济发展的战略和政策来看,中国有信心,也有能力积极应对各种问题和风险。积极推动新型工业化、城镇化、信息化等手段来化解各种可能出现的各种问题,使中国经济的增长动力更为多元,发展前景更加稳定。2014年12月,习近平在同党外人士交流座谈时,再次强调:"我国经济发展进入新常态,要继续坚持

[①] 习近平. 深化改革发挥优势创新思路统筹兼顾,确保经济持续健康发展社会和谐稳定[N]. 人民日报,2014-05-11.

[②] 习近平在中共中央召开党外人士座谈会上重要讲话[N]. 人民日报,2014-12-06.

[③] 习近平:谋求持久发展,共筑亚太梦想——在亚太经合组织工商领导人峰会开幕式上的演讲[N]. 人民日报,2014-11-09.

稳步前进。①12月5日，习近平在中共中央政治局会议中又指出："由于中国经济发展步入新常态，经济发展回旋空间变大，韧性好、潜力足的特点，实际上是今后经济持续健康的发展的有利条件。"②12月13日，习近平在去江苏调研时，又着重强调："要主动把握经济发展规律和适应经济发展的新常态，积极推动改革开放，使社会主义现代化建设尽快迈上新台阶。"③

从经济发展新常态思想所遵循的"大逻辑"出发，我们首要应该正确认识新常态。只有对经济新常态有一个清晰、准确的认识和定位，才能为主动适应以及科学引领新常态夯实基础，固定方向。而要正确把握新常态，就要深刻挖掘新常态的基本含义，分析经济新常态在新时代背景下的发展趋势，以及在这种趋势中所展现出的基本特征。

（一）经济发展新常态的基本含义

根据历史唯物主义和辩证唯物主义的基本思想，人类社会就是在常态—非常态—新常态的否定之否定中不断向前发展的。同样，人类对自身所处的社会的认识也是在常态—非常态—新常态的否定之否定中不断深化的，而贯穿其中的主线就是事物的本质和规律。从这个意义上说，经济发展新常态思想的提出，就是对中国经济发展从肯定到否定再到否定之否定的波浪式前进和螺旋式上升的认识结果。从历史过程看经济发展，其始终处于一个连续性的过程，常态—非常态—新常态是这一过程演进的基本规律。因此，只有联系中国过去的经济发展，才能正确把握现阶段"新常态"的基本含义。

与过去相比，经济发展新常态的"新"主要体现在：一是经济增长速度由高速增长逐渐转为中高速增长；二是经济结构不断调整，逐步优化升级；三是经济增长动力由主要依靠要素、投资驱动转向创新驱动。而"常"则意味着相对稳定，既"稳"在经济增长上保持平稳可持续，又"稳"在宏观经济政策上，特别是既要使货币流动性宽松适度，又要发挥财政稳定器功能，服务供给侧改革所需。所以，"新常态"实质就是经济发展对以

---

① 习近平在中共中央召开党外人士座谈会上重要讲话 [N]. 人民日报，2014-12-06.
② 新华社. 2014中央经济工作会议，习近平发表重要讲话 [N]. 2014-12-09.
③ 习近平在江苏调研：主动把握和积极适应经济发展新常态 [N]. 人民日报，2014-12-15.

往过度追求 GDP 增长模式的自我扬弃,通过追求转变发展方式、优化经济结构、转换增长动力向更全面更合理更可持续的方向迈进。这其中包含了以下几个方面的意蕴:

第一,坚持质量第一、效益优先。我国过去虽然保持了长期年均 9% 以上的经济增长态势,但也累积了很多不可持续的因素和难题。主要表现在:很多领域都出现了发展不平衡不充分的情况,创新能力还不够强,实体经济水平仍需加强,生态环境保护的任务还很重。十九大报告中,习近平明确指出:"我国经济不再高速增长,而是更加注重质量效益,无论是发展方式、经济结构还是增长动力都处于发展的关键时期,急需建立现代化经济体系,这也是我国经济发展目标的迫切要求。我们必须坚持质量第一、效益优先,以供给侧结构性改革为主线,推动经济发展质量变革、效率变革、动力变革,提高全要素生产率。"[1] 所谓的质量变革,就是在提高产品和服务质量的同时,更要提高各领域国民经济的素质;效率变革,就是要找出影响高效率增长的弊端,并将这些弊端革除,以保障高质量的经济发展;动力变革,就是要在劳动力数量和成本优势逐步减弱后,为了适应现代化经济体系建设的需要,将劳动力数量和成本优势转换成劳动力质量红利[2]。

第二,突出政府、市场和社会的协同作用。习近平在党的十八届二中全会上指出,深化行政体制改革实质上就是要解决好政府、市场和社会三者之间的关系,"要解决的是政府、社会和市场三者之间的分工问题,也就是他们应该做什么和不应该做什么。"[3] 中国经济发展进入新常态就是在更高层次上要求政府、社会和市场协同发力,以新发展理念为引领,建设现代化经济体系。这其中的关键是要在遵循市场规律的同时,有效发挥政府职能作用,使政府在为市场服务的过程中做到不缺位、不越位、不错位,为市场经济合理运行和社会力量的充分有序参与提供制度保障。

第三,彰显以人民为中心的发展目的。习近平明确指出:"人民对美

---

[1] 习近平. 决胜全面建成小康社会 夺取新时代中国特色社会主义伟大胜利[M]. 北京:人民出版社,2017:30.
[2] 党的十九大报告辅导读本[M]. 北京:人民出版社,2017:184-185.
[3] 中共中央文献研究室. 关于全国深化改革论述摘编[M]. 中央文献出版社,2014:52.

好生活的向往，就是我们的奋斗目标。"① 以习近平为核心的党中央对中国经济发展进入新常态的战略判断以及为适应和引领中国经济发展新常态而做出的理念创新和一系列制度安排，始终与以人民为中心的执政理念和价值立场紧密联系在一起。因此，深刻把握以人民为中心、增进人民福祉的旨归，从经济发展的聚焦问题与改革实际出发，从最广大人民的根本利益出发，利用制度安排、法律规范、政策支持，不断破解经济发展难题困境，最大限度释放发展红利，是正确认识经济发展新常态发展，适应与引领经济发展新常态的题中应有之意。

第四，发展是阶段性和连续性的统一。"新常态"首先是发展过程上的连续性，是中国前期经济发展的延续，是向追求质量更优的阶段迈进，体现了经济发展连续性中的阶段性特征。这要求在适应和引领经济发展新常态过程中，政策安排和制度创新既要保持连贯性，同时又要突出问题导向，聚焦亟待破解的现实问题。党的十九大明确指出："从十九大到二十大，是'两个一百年'奋斗目标的历史交汇期。我们既要全面建成小康社会、实现第一个百年奋斗目标，又要乘势而上开启全面建设社会主义现代化国家新征程，向第二个百年奋斗目标进军。"② 我国应从经济发展趋向出发，重点围绕人民日益增长的美好生活需要，并结合我国经济正处在转变发展方式、优化经济结构、转换增长动力的攻关期这一实际，在阶段性与可持续发展的衔接中科学把握政策创新的空间。

总之，习近平明确强调，对于新常态，要客观审视其精神实质，切实摒弃一些认识偏差。第一，新常态有别于一般性事物，评判标准也无好无坏。新常态是中国经济发展到今天必须面对的一个阶段，其符合经济发展的客观规律，我们必须乘势而为、乘势而上。第二，新常态有其特定属性，不是什么方面都可以归结入新常态。一定要正确把握新常态思维，切实运用到经济建设当中。第三，新常态不能作为挡箭牌，不能把一切矛盾问题都纳入新常态，以新常态为挡箭牌对矛盾问题置之不理。新常态并不意味着不作为、不前进，不是放弃 GDP 增长，而是要准确把握其精神实质、更

---

① 中共中央文献研究室. 关于全面深化改革论述摘编[M]. 中央文献出版社，2014：70.
② 习近平. 决胜全面建成小康社会 夺取新时代中国特色社会主义伟大胜利[M]. 北京：人民出版社，2017：30.

有效率地发展经济[①]。

（二）经济发展新常态的基本特征

习近平强调，处理好"新常态"下经济发展各类问题，就要做到既要严防增长速度滑出底线，又要理性对待增长速度转轨的新常态；既要对产能过剩、房地产市场、群体性事件等风险点进行密切关注和防控，又要采取强有力措施化解区域性和系统性的金融风险，同时还要防范局部风险问题演变成全局性风险。这反映了若要正确认识经济发展的新常态，必须坚持从整体角度洞悉包括经济增速的调整，拉动增长动力的转化，资源配置方式转变，产业结构调整优化升级，经济福祉包容共享等在内的全方位发展状态和深化趋势。

1. 增长速度由高速增长转为中高速增长

中国经济经历了近四十年的高速运转后正转入稳步回落轨道。进入21世纪，中国经济仍然保持高速度的增长趋势，由于2008年美国金融危机的影响，下降到一位数增长，而2012年和2013年的年增长率进一步回落到7.7%。由此我们可以看出，中国经济增长速度已经从高速或者是超高速增长逐渐回落转向到中高速增长。实际上增速回落是一种经济规律，世界经济史研究表明：任何国家或地区的经济在保持一段时间的高速增长之后，均会呈现出增速"换挡"现象。日本国内生产总值增速在1950年至1972年间年均近百分之十，1973年至1990年期间下降近百分之五，1991年至2012年期间增速更是下降到了不到百分之一；韩国国内生产总值增速1961年至1996年期间年均为百分之八，1997年至2012年期间下降到了百分之四；我国台湾地区生产总值增速1952年至1994年期间年均不到百分之九，1995年至2013年期间下调至百分之四。而从2013年世界经济发达国家的增长速度来看，美国和日本是百分之二、英国是百分之一、德国还不到百分之一。而我国2013年的GDP增速为近百分之八，与其他经济大国相比较仍是"高速"。所以在由高速增长换挡至中高速发展的过程中，我们应当遵循经济发展规律，用"平常心"对待中高速增长的新常态。

[①] 习近平谈治国理政（第2卷）[M]. 北京：外文出版社，2018：249.

2. 增长动力由要素驱动、投资驱动转向创新驱动

在过去的三十几年里，中国的经济发展走的是高消耗、高污染、高投入、低产出的道路，伴随劳动力、资源、土地等要素的价格上涨，仅仅依靠低成本要素发展经济的方式已经难以为继。面对世界新一轮的工业革命和科技创新浪潮，习近平在十八届中央政治局第九次集体学习时强调，我们要时刻保持忧患意识，及时抓住新一轮产业变革和科技革命发展的机遇[①]。所以，通过供给的创新来刺激需求就显得尤为重要，这样有利于保证内需在推动经济发展中继续发挥基础性的作用。今后，中国经济发展逐渐转入增速"下台阶"、质量"走上去"的创新驱动型的新常态阶段。

从生产要素相对优势审视经济新常态。从当前来看，改革开放 30 年后的中国人口红利迅速消解，劳动力价格成本不断上升，人口老龄化趋势明显，低成本的廉价劳动力优势减弱，要素的规模驱动力减弱。因此，新的条件下，促进经济的增长更需要依靠劳动力素质以及技术要素，重视和推动创新，使其成为驱动发展新引擎，从而更好地以创新驱动引领经济新常态。与此同时，中国的出口仍然保持竞争优势，大规模的"走出去"与高水平的"引进来"继续推进，使中国能够在瞬息万变的世界经济格局中顺利适应经济新常态，获得稳定发展。

3. 产业结构由中低端水平转向中高端水平

自 1978 年以来，中国的产业结构主要集中在全球价值链的中低端，比较优势较低。但是，随着我国逐步采取优先发展先进制造业和生产性服务业，推动战略性新兴产业发展，逐步化解过剩产能和淘汰落后产能等一系列新措施，不断提升了我国产业在全球价值链中的地位，构建了经济新常态下的"中国效益"。从 2013 年起，中国产业结构出现了重大变化：第三产业增加值占 GDP 的比重达到了 41.6%，首次超过第二产业，标志着中国经济正式迈入"服务化"时代；2017 年，经初步核算，全年国内生产总值 827122 亿元，比上年增长百分之六点九。其中，第一产业增加值 65468 亿元，增长百分之三点九；第二产业增加值 334623 亿元，增长百分之六点一；第三产业增加值 427032 亿元，增长百分之八点零。第一产业增加值占国内

[①] 中共中央政治局第九次集体学习[N]. 人民日报，2013-09-30.

生产总值的比重为百分之七点九，第二产业增加值比重为百分之四十点五，第三产业增加值比重为百分之五十一点六[①]。这不仅标志着第三产业的发展可持续成为我国经济发展的新型动力引擎，更预示着我国产业结构进一步由中低端向中高端深化，价值链的中高端效益溢出更趋明显。

从生产能力和产业组织方式审视经济新常态。现代传统产业的供给大大超过市场需求，出现严重的产能过剩，但是也出现了有效供给不足的难题。这就要求我国必须加快产业结构的调整和转型升级，通过企业的兼并、重组等方式，实现生产的相对集中。

4. 发展方式从规模速度型转向质量效率型

从世界历史发展历程来看，发展方式由规模速度型转向质量效率和型集约型是实现经济强国的关键。自党的十八届三中全会以来，市场发展的重点和重心都发生了不同程度的改变。因此，我国应进一步深化改革开放，统一全国市场、提高资源配置效率，提升市场竞争力。习近平曾指出："我们不再简单以国内生产总值增长率论英雄，而是强调以提高经济增长质量和效益为立足点"[②]，"经济发展进入新常态，中国的发展仍处于重要战略机遇期，这一基本的判断没有改变，改变的只是重要战略机遇期的内涵和条件；中国的整体经济发展向好的一面没有根本改变，改变的是经济发展方式和经济结构"[③]。"新常态"下的中国经济结构需要做出深度的调整，实现从以增量扩张为主转向调整存量、做优增量并存，经济发展动力从传统增长点转向新的增长点。尤其对于很多欠发达地区来说，必须增强转变经济发展方式的自觉性和主动性，把调结构、提质量、增效益放在经济工作的首位，重点解决经济发展结构不优、质量不高、效益不好的问题，把重力点集中到推进新型工业化、新型城镇化、农业现代化、信息化深度融合上来。我国应准确定位和把握稳增长与促改革的结合点，找准稳定增长和强劲创新的突破点，把握好稳增长与调结构的平衡，把改革攻坚、创新驱动、结构调整作为关键点和重中之重。传统产业经过 30 多年高强度大规

---

① 国家统计局. 中华人民共和国 2017 年国民经济和社会发展统计公报 [EB/OL].http：//www.stats.gov.cn/tjsj/zxfb/201802/t20180228_1585631.html，2018-02-28.

② 十八大以来重要文献选编（上卷）[M]. 北京：中央文献出版社，2014：436.

③ 习近平谈治国理政（第 2 卷）[M]. 北京：外文出版社，2018：234.

模开发建设和积累已经趋向饱和，在"新常态"下，创新成为推动经济发展的新动力。在这一背景下，新产品、新技术、新业态、新商业模式逐渐成为新的经济竞争优势，投资者对它们的投资空间不断扩大，而新的投资机会的涌现对投融资方式的创新提出了新期待。

5. 市场作用由基础性转向决定性

习近平指出："我们全面深化改革，就要激发市场蕴藏的活力。"[①]党的十四届三中全会曾提出"建立社会主义市场经济体制，就是要使市场在国家宏观调控下对资源配置起基础性的作用"，而党的十八届三中全会在《中共中央关于全面深化改革若干重大问题的决定》中进一步明确"全面深化改革必须发挥经济体制改革的牵引作用，紧紧围绕市场在资源配置中起决定性作用深化经济体制改革"。市场由"基础性作用"升至"决定性作用"，这是对市场的全新理解、科学审视，一方面体现了我国经济发展的必然规律，另一方面也从实践上予以印证。习近平强调，从党的十四大以来的二十多年间，对政府和市场的关系，我们一直在寻找更加科学准确的定位。他指出，切实解决好政府和市场的关系，其本质就是解决好资源配置是主要受市场影响还是受政府影响的问题。将市场的作用由基础性提升到决定性，不仅符合市场决定资源配置这一市场经济的一般规律，而且也符合我国充分建设中国特色社会主义市场经济体制，适应经济发展新常态的客观情况。[②]以经济风险积累和化解的角度审视经济，随着经济增长速度减缓，以往积累的各种隐性的风险逐渐显现，这些风险以高杠杆和泡沫化为主要特征，从整体上来说这些风险是可控制的。"新常态"下，结合资源配置模式和宏观调控方式，综合刺激政策的边际效应明显下降，我国不仅要通过发挥市场机制的作用以探索产业发展的未来方向，也要充分解决产能过剩的问题，要把握总供给和需求关系的新变化，科学实施宏观调控。

6. 经济福祉由非均衡型转向包容共享型

在经济发展新常态下，全面深化改革必须以增进人民福祉、促进社会公平正义为起点和归宿。由非均衡型转向包容共享型这一趋势，主要表现

---

① 习近平. 谋求持久发展，共筑亚太梦想——在亚太经合组织工商领导人峰会开幕式上的演讲[N]. 人民日报，2014-11-10.

② 习近平谈治国理政（第2卷）[M]. 北京：外文出版社，2018：75-76.

在城乡二元结构逐步向一元结构转型和区域协调发展不断得到改善。党的十九大报告中指出,我国现如今关系国计民生的根本大问题就是三农问题,这也是我党今后工作中的重点。秉承将农业农村打造成一个产业兴旺、生态良好、文明乡风、生活富裕的新时代的发展理念,建立科学的经济发展政策制度,推进三农的现代化建设[①]。这里提到,由于资源的过度开采和浪费,生态环境遭到严重的破坏,环境的承载能力已经达到或接近上限。这要求我国必须继续坚持节约资源和保护环境的基本国策,加大环境保护力度,更加自觉地推动形成新的绿色、低碳、循环的发展模式。此外,报告第一次提出了"城乡融合发展",与2006年党中央关于建设"生产发展、生活富裕、乡风文明、村容整洁、管理民主"社会主义新农村的提法相比,把"产业兴旺、生态宜居、乡风文明、治理有效、生活富裕"作为城乡融合发展的总要求,更加强调了我国新型城镇化发展进程中城乡发展的有机联系和相互促进,把乡村的发展与城镇的发展作为了一个有机整体,不再仅限于从乡村本身思考乡村的发展问题,体现了我国城乡关系发展思路从"城乡二元"到"城乡统筹"、再到"城乡一体"、最终到"城乡融合"的根本转变,确立了全新的城乡关系,这不仅是我国城乡关系发展思路的与时俱进,更是城乡关系有效适应经济发展新常态的重要彰显。与此同时,十九大报告充分体现了党和国家对"三农"问题的高度重视,使一系列支农、强农、惠农的政策得到实施,基本建立了覆盖城乡的基本公共服务和社会福利网络。乡村振兴战略的提出与落实不仅是解决好"三农"问题的总体方略,更是新时代经济发展新常态"以人民为中心"发展旨归的重要体现。所以,我们从城乡关系变化和区域协调发展等方面可以看出,经济福祉逐步走向包容共享型将是经济发展新常态下的必然趋势。

综上所述,习近平依据我国经济发展的阶段演化现状,即形态更高级、分工更复杂、结构更合理,判断出中国经济发展正步入新常态,科学地总结出经济发展新常态的丰富意蕴以及转化趋势。可以说,习近平经济新常态思想揭示了消费、产业、人口、环境等方面的阶段性特点,说明中国经

---

① 习近平:决胜全面建成小康社会 夺取新时代中国特色社会主义伟大胜利[M]. 北京:人民出版社,2017:32.

济已经开始启动更高级形态、更明确分工和更合理结构的演化进程。这一思想是对我国经济发展阶段性特征的高度概括，是制定当前及未来一段时期我国经济发展战略和政策的重要依据，深刻地反映了以习近平同志为核心的党中央对中国特色社会主义经济发展规律认识的深化。想要正确认识经济新常态，就要准确把握经济新常态的基本特征，这对今后主动适应新常态，科学引领新常态的政策选择具有重要的导向意义。

三、事业单位经济管理概述

事业单位是促进我国社会经济增长的重要机构，可以为群众提供多元化社会服务，保证社会福利快速增长。随着市场化水平不断提高及经济全球化快速发展，事业单位运行体系和管理模式开始呈现出和社会经济发展不协调不适应的状况。为了增强事业单位综合实力，促进事业单位更好发展，我国在建设社会主义和谐社会的过程中，需要高度重视事业单位经济运行情况，加强事业单位内部经济管理，调整单位运行状况，为事业单位长效发展提供支持。

（一）事业单位经济管理的意义

经济管理是指经济管理者为实现预定目标，对社会经济活动或生产经营活动所进行的计划、组织、指挥、协调和监督等活动。事业单位是公共产品和公共服务的主要提供者，在推动经济社会发展和改善民生方面发挥了重要作用，其发展水平和经济管理状况，对经济和社会的发展有直接影响。事业单位需转变传统的行政管理模式，加快内部经济管理改革，转变管理理念，加强内部管理，提高管理水平。经济管理工作逐渐成为事业单位日常工作的核心，对于事业单位发展有积极意义。

第一，有助于事业单位适应经济发展新常态。由于经济发展表现出新形势，事业单位面临的内外部环境也出现较大变化，本身组织架构也在不断变革，给传统行政化管理观念带来很大冲击，增加了事业单位发展的压力。因此需要打破原有的束缚开展科学的经济管理工作，以适应新常态，并抓住机遇实现良好发展。

第二，事业单位面对产业结构转型的趋势，发展出现新变化，需要不断创新，挖掘新的发展驱动力。因此，事业单位只有确定明确的经济管理目标，编制科学的落实措施，才能推动事业单位实现良好改革和进一步发展。

第三，为事业单位的发展提供资金支持，保证各项活动的深入开展。事业单位各项工作的开展都需要资金的支持，而做好经济管理工作，能实现对资金的合理分配，减少管理环节的资金投入，并降低人力成本，推动事业单位各项经济活动的顺利开展。

第四，加强经济管理，能逐步完善事业单位的人事管理制度，充分调动人力资源积极性，发掘其工作潜力，促使事业单位的运行过程更具动力和效率[①]。

（二）事业单位经济管理的目标类别

当前，事业单位的经济管理目标主要划分为三个。

一是筹资管理目标。面对经济发展新常态，事业单位持续进行改革，需要做好筹资管理工作。建立科学的筹资管理目标，一方面要避免过度依赖国家财政资金，实现单位自己创收增收，以适应新常态的要求；另一方面，要拓宽筹资渠道，在市场经济背景下丰富创收路径，确保资金来源多元化，保证单位拥有自我支撑的能力，从而实现快速发展。

二是投资管理目标。当前形势下，资本的投资方式更加多元化，不局限于个体和单位，部分事业单位自己也能进行各种投资，以获取更多的收益来支撑工作活动的开展。对此，符合条件的事业单位需要紧抓时代发展带来的机遇，进行多元化投资，以获取更多的经济利润，满足各项支出需求。

三是成本管理目标。事业单位在经济活动的开展环节，应首先意识到成本效益，在此前提下提倡社会效益，在此过程中尽可能减少资金投入，以获得最高的经济效益。对此，单位就需要做好成本管理工作，确定正确的成本管理目标，通过预算管理实现对财政资金的科学使用，既保证应用的规划性，也保证应用的优化性，避免资金浪费。事业单位需要建立成本概念，按照成本投入约束经济管理活动的开展，避免出现资金滥用[②]。

---

① 吴京原. 行政事业单位经济管理的实现路径探索[J]. 中小企业管理与科技（下旬刊），2020（04）：15-16.

② 王少军. 对行政事业单位经济管理目标实现路径的思考[J]. 今日财富，2021（05）：56-57.

（三）事业单位经济管理存在的主要问题

1. 管理体制不完善

事业单位经济管理离不开完善的管理体制的支撑，这也是提高事业单位经济管理水平的重要前提。然而在传统管理思维影响下，许多事业单位经济管理存在着诸多问题，缺乏完善的经济管理体系。此外，管理人员对于经济管理重视程度不足，缺乏对经济管理重要性的深入认识，导致各项规定得不到严格落实，尤其是缺乏内控与监督机制，使得事业单位发展面临较大风险。

2. 缺乏必要的系统性与规范性

事业单位并非以营利为目的，在经济管理过程中对成本效益问题关注的不足，使得经济管理缺乏必要的规范性与系统性。尤其是许多事业单位缺乏科学的经济管理思维，导致各项经济管理工作处于较为混乱的状态。加上缺乏明确的经济管理目标，管理工作缺乏目标指引，导致走了不少管理弯路。此外，在实际管理过程中，工作人员缺乏成本意识与效益观念以及国有资产增值管理理念与实践经验，极易导致资产流失，造成严重损失。

3. 缺乏足够的风险意识

无论是单位管理人员还是具体工作人员，普遍存在风险意识不强的现象，风险防范意识不足极易导致经济管理风险问题。尤其是在新形势下，事业单位经济管理环境更加复杂，加上部分单位资金使用与管理结构不合理，极易导致经济风险，造成国有资产损失。同时，一些事业单位的项目投资建设存在较大盲目性，导致资金分配不合理，资产与效益不匹配，存在资金沉没风险。部分事业单位对财政补贴过于依赖，进而不重视风险防控，也就导致了轻视风险管理的现象出现。

4. 缺乏完善的内部控制体系

部分事业单位的经济管理工作方式较为单一，缺乏完善的内部控制体系，出现了各类风险问题，具体表现在以下几个方面。

第一，一味降低成本，不但无法让事业单位内部控制工作获得更多支持，反而会激发矛盾。比如，在落实内部控制工作中，单位负责人并未注重调查研究与分析，没能深入了解职工的意见与想法，投入金额不断降低，使得工作出现懈怠的现象。

第二，没有实现全员参与内控工作。开展内控工作的主要目的是促进开展高效的经济管理工作，并提供有效的指导。不过没能让员工主动参与，并忽略了员工的看法及意见，使得内部控制工作流于形式，无法获得员工的支持与配合。缺乏完善的内部控制体系，会影响经济管理工作的推进。

5. 缺乏有力的经济管理监督机制

要想确保经济管理的有效开展，仅凭借相关管理制度是远远不足的，还需要构建起切实可行的监督机制，这样才能保证经济管理得到有效落实。虽然事业单位在不断改进与完善内部组织架构及内部控制机制等，不过在监督工作中依旧存在较大缺陷。例如，对单位的投资行为并未全流程监管，经济管理工作缺乏约束，给单位带来了不必要的风险。

6. 经济管理人才综合素质有待提高

当前事业单位经济管理工作中一个较为突出的问题，就是缺乏具有较高综合素质的经济管理人才。新时期的事业单位经济管理理念和传统管理理念存在一定冲突，导致员工忽略了经济管理的重要性，进而制约了该项工作的高效推进。

首先，较少有事业单位在内部设置专门的经济管理岗位，往往都是安排其他部门人员来负责。其次，专业素质过硬的经济管理人才较为匮乏。很多事业单位缺乏专业的经济管理人才，而且存在人才流失现象，导致经济管理工作难以加强。最后，单位没有构建起完善的培训机制，导致相关人员无法及时学习与掌握最新的经济管理动态及知识技能，使得事业单位的经济管理工作难以与社会经济发展同步。

总之，经济管理在事业单位的运营与发展中发挥着非常重要的作用。虽然目前事业单位的经济管理工作中还存在一些不足，但是只要事业单位在不断发展的过程中，结合自己的具体状况，认真查找和分析经济管理工作中的问题，并采取有效的解决措施，就能够不断提高单位的经济管理水平，并发挥出其应有的效用。

第二章　经济新常态下事业单位预算管理创新路径

我国大多数的事业单位都是以财政拨款作为主要资金来源，对预算工作整体不够重视，造成事业发展与预算不能有效地结合在一起。事业单位是非营利性的，在这点上与企业单位有很大区别，导致了事业单位在预算管理上存在一些弊端。这些弊端主要是在管理方式上比较粗放，因而造成了行政成本运行较高并且支出结构不合理的情况。随着我国经济发展进入"新常态"，我国传统事业单位体制越来越需要进一步改革以适应外部环境的新变化。传统意义上的粗放低效型的预算管理模式已经越来越暴露自身的缺点，事业单位势必需要对其优化才能适应经济社会快速发展的趋势。因此，为了克服这些弊端，让事业单位的预算绩效管理水平有所提高，适应社会需要，事业单位可以参考企业单位全面预算管理的模式。很多现代大型企业在管理模式中采用了全面预算管理体系。全面预算管理体系是一种比较先进有效的管理方法，是集体制、机制、方法于一体的一种系统管理方法和策略工具，具有全面控制和约束力，这种管理方法可以让管理层全面掌握企业的各方面情况。因而全面预算管理对事业单位提升管理水平具有十分重要的意义。

一、主要内容

（一）事业单位全面预算管理概述

1. 概念界定

（1）预算管理

预算管理是指为确保公共预算资金规范运行，单位依照法律和法规对预算过程中的预算决策、资金筹集、分配、使用等进行的管理活动，是财政管理的基础组成部分。预算管理具体环节有：预算组织、编制和审批、预算执行和追加调整、决算、预算绩效评价等，各环节间相互关联衔接，互相影响，周而复始地循环，构成了预算管理体系。预算管理可以有效衔接预算与事业规划，可以将事业发展目标转化为预算管理目标，并作为单位经济活动的约束条件，从根本上保证单位工作目标的实现。

（2）事业单位全面预算管理

全面预算的内涵是由全员、全额、全程这三方面组成的。全员指的是让每一个与预算相关的人员参与预算编制，预算指标分解到每一名参与人员身上，人人树立预算意识。全额是指预算金额的总体性，对于事业单位来说不仅包括财政拨款，还包括政府公益金和一些自有收入等。全程是指对预算管理流程要实施全面控制，要通过对预算的执行和监控、对预算的分析和调整、对预算的考核与评价，真正发挥预算管理的权威性和对各种财务活动的指导作用。

预算还是管理的工具。好的政策依赖好的预算管理。在旨在促进政策目标实现的整个资金流动过程中，预算管理起着关键作用。早期的预算管理更多地强调合规性，对公共资金使用所产生的结果未给予充分关注。现代预算管理方法认为，片面强调合规的传统预算理念已不适应环境变化的要求，赋予机构管理灵活性对于有效地利用资源、达成既定目标非常重要。

2. 事业单位全面预算的特点

事业单位与企业的全面预算管理在基本理论上并无差异，但是事业单位不以获得利润为目的，因此使其全面预算管理具有了自己的特点：

①事业单位全面预算目标是以实现事业发展为目标，而企业的预算目标是以营利为目的的经营性目标。

②事业单位的收支项目简单,主要是对基本经费和项目经费的收支进行预算管理。

③公开性,事业单位公益性服务的性质要求财务预算成为公开文件,让公众监督并审核其内容。

④缺乏可以借鉴的成功范例,事业单位是只有中国才有的一种组织机构,对这种单位的预算管理研究基本空白,现有的针对企业的预算管理经验很难应用到事业单位。

⑤预算编制的基础性数据缺乏。大部分事业单位都有财政补助,这就削弱了事业单位在市场经济中的生存动力,导致管理水平有限,账务体系相对简单,档案管理薄弱,造成基础数据资料的不完整,收集、加工、整理难度加大。

3. 事业单位全面预算管理的目标和原则

(1)事业单位预算管理的目标

经济政策的基本目标可界定为增长、平等和稳定。如果没有促进宏观经济稳定和社会平等的政策,经济增长就是不可持续的。因为这三个目标之间也会产生矛盾,所以在预算中要把这三个目标综合在一起考虑。这一框架应致力于追求三个关键的公共支出管理目标和两个一般目标。

预算作为最重要的政策文件,预算管理应同时追求经济政策的三大目标,经济政策的三项一般性目标就转化为全面预算管理的三个关键目标:财政纪律与总量控制;基于政策优先性资源配置;营运管理与运作效率。

财政纪律和总量控制是所有预算制度的首要任务。基于政策优先性的资源配置有效不仅意味着政府引导资源增量转向新的更高优先级用途,还意味着将资金从低价值的用途转向高价值用途的意向和程序。运营效率要求支出机构提高服务交付的生产率,从而降低政府购买货物和服务的成本。

两个一般目标分别为合规性以及管理财政风险,这也是预算管理的基本要求,合规性意味着预算管理过程的所有参与者,必须严格遵守国家有关的法律法规及规章制度。风险可以定义为损失和收益的不确定性,风险控制主要针对消极的而不是积极的风险,也就是那些可能造成损失的风险。

风险管理的目标是控制风险损失,通常有三种方法:转移风险、消除或减少风险、承担风险。在任何情况下,都应对风险进行精准的确认,并对风险进行评定。在确认风险时，要尽可能对风险进行量化，并确定它的来源、性质等属性。评估风险要求对风险的严重性和频率进行计量，确认和评估的结果应予公布。

（2）事业单位全面预算管理的原则

①全面完整性原则。全面完整性原则是指预算管理应当贯穿事业单位预算业务的全过程，实现对所有预算资金的全面管理。在流程上，事业单位预算管理应渗入每个环节并贯穿始终，避免在某个环节管理上出现空白和漏洞；在组织体系上，应当覆盖预算管理制度，合理设置预算业务管理机构或岗位，建立部门间沟通协调机制和预算执行分析机制，加强预算审核审批等管理；在人员层次上，应当涵盖单位预算业务各个层级相关工作人员和单位负责人；从设计内容上，宏观和微观层面内容应相兼顾，对预算管理的全部风险控制点全覆盖。

②重要性原则。重要性原则要求预算管理在兼顾全面性的基础上要突出重点，对重大风险点、关键环节和预算管理岗位进行重点监控，采取各类科学严格的管控措施进行重点防范，降低预算管理风险，或将风险管控至能被接受的范围内。

③透明性原则。透明性原则要求预算管理公开、透明。2014年，新《预算法》要求行政事业单位进行预算公开，行政事业单位的预算业务将更加科学、严格、规范和透明。预算管理信息公开是公共财政的本质要求，有助于推进政务公开，保障公民的知情权、参与权和监督权，提升预算管理的科学化、精细化程度。

④绩效性原则。绩效性原则要求预算管理中应树立绩效管理理念，健全绩效管理机制，对预算的全过程实行全面的追踪问责。2014年，新《预算法》首次把预算绩效写入法律。事业单位绩效性原则不同于企业的绩效，有其特殊性。主要是绩效指标的多元化，就是绩效指标除了经济效率指标，还应注重反映为社会发展提供公共服务和公众满意度等绩效指标。

⑤适应性原则。适应性原则是指预算管理能够随着情况的变化及时调整来符合国家有关规定和单位的实际情况。具体体现在：一方面，建立和实施预算管理要与单位实际情况相符，与本单位的组织层级和业务层级相匹配，根据国家的有关规定要求建立和实施管理；另一方面，预算管理本

身是动态管控，应随着公益性事业单位改革的不断深化，及时完善制度、改进管理措施和调整程序，不断完善预算管理体系。

4. 事业单位全面预算管理组织体系和流程循环

（1）事业单位全面预算管理组织体系

预算组织管理是从预算整体上对单位预算业务进行管理，是预算管理的基础。预算组织为预算管理运行搭建内部环境，为单位预算业务的日常管理和各个环节的有效推进提供基础保障支持，反映了事业单位预算管理有效运行所需的组织环境和保障机制。具体内容如下：

①预算管理文化。预算管理文化是指主要负责人进行预算长效管理的意识和各级人员对开展预算管理的认同感，反映了单位整体层面对预算管理的重视程度。事业单位拥有良好的预算文化氛围，可以使单位员工更加了解单位推行预算管理建设的必要性，明白为什么要开展预算管理建设，掌握预算管理的基本理念，避免只注重内部放益和短期效益的思想，有利于提高事业单位全体人员参与预算的积极性和预算管理意识，从而提高预算管理效率。

②预算组织机构。预算组织机构能够促使单位预算管理有效运行，是保证管理功能发挥的前提和基础。事业单位的预算组织机构设置应从决策、执行、监督三个方面进行，并明确三者之间的权责分配，使每一项预算业务活动都有相应的机构或者岗位。同时组织机构也不是越复杂越好，简繁适度的组织机构设置更有利于提高预算工作的效率和权威性。

③预算岗位人员。预算岗位人员是承担预算各流程环节的重要工作职责的专职人员，是单位预算管理有效开展的重要保障，也是预算管理活动中最容易发生重大风险的关键职位。一般来说，事业单位的预算关键岗位主要包括预算管理人员、预算编制人员、预算执行人员、预算监督人员等，单位应按照不相容岗位职责使相关人员明确工作岗位的责任。预算关键岗位人员一般应具备良好的预算知识素养。

④预算信息系统。随着我国政务信息化的建设和信息技术信息系统在单位管理方面的广泛应用，事业单位预算管理的信息化必将成为一种趋势。事业单位预算活动信息系统建设应从全局出发加强预算内部信息传递与沟通，宏观上符合国家的规定，微观上单位预算部门之间相互沟通和协调，

形成联动机制，提高总预算信息的准确性，保障信息沟通的顺畅。

（2）事业单位全面预算管理流程循环

从事业单位全面预算管理理论的内容来看，包含四个环节，各个环节之间是递进关系，相互联系。在实际工作中，工作人员需要仔细梳理全面预算管理的运行流程，严格落实各个环节。在执行经济活动过程中，工作人员应严格监督控制资金用途，确保资金使用安全，及时分析预算与实际收支的偏差，并做出相应调整，确保实现总体目标。最终预算评价与考核分析经济活动中资金使用的合理性与有效性，使整个流程更加科学化。（见图2-1）

①预算编制。预算编制是预算环节的开始阶段。在此阶段，事业单位根据国家法律法规、财政政策等要求和本单位业务目标和年度计划，调研预算资金需求，编制形成单位本年度的预算计划，确保预算编制合法合规，预算数据充实合理，符合单位实际需求。

②预算执行。部门预算经过审批后，进入执行阶段。本阶段是实现预算决策落实到位和资金支出的关键环节。为保证预算严肃性，单位在此执行过程中，需要明确执行主体和责任，建立起相应的预算执行审批程序。

③预算追加与调整。在预算执行过程中，由于临时或者突发情形需要对预算进行预算调整的，应当在预算方案中做出追加与调整安排。预算调整必须符合相关规定，程序合法合规。

④决算。部门决算是预算环节管理必不可少的阶段。事业单位决算是根据国家法律法规和按照法定程序编制预算执行的总结性报告。事业单位编制决算草案，必须符合相关规定，做到合规、无误、真实、准确、完整。

⑤预算考评。以支出结果为导向的预算考评是事业单位预算管理环节的最后环节，可以实现对单位预算实施效果有一个全面、科学的认识，提高单位预算管理水平。

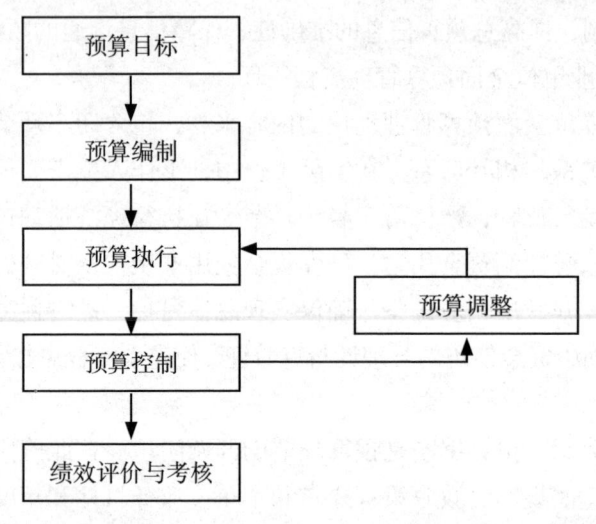

```
        ┌──────────┐
        │  预算目标 │
        └────┬─────┘
             ↓
        ┌──────────┐
        │  预算编制 │
        └────┬─────┘
             ↓
        ┌──────────┐        ┌──────────┐
        │  预算执行 │←───────│          │
        └────┬─────┘        │  预算调整 │
             ↓              │          │
        ┌──────────┐        └──────────┘
        │  预算控制 │───────→
        └────┬─────┘
             ↓
        ┌──────────────┐
        │ 绩效评价与考核│
        └──────────────┘
```

图2-1 事业单位全面预算管理流程

5. 事业单位预算编制

我国事业单位预算流程是"两上两下",即预算部门两次把预算草案上报给财政部门,财政部门两次审批返回预算的过程。事业单位的编制内容由收入预算和支出预算构成。

(1) 预算编制流程

一般来说,我国公益性事业单位预算编制流程是"两上两下"的过程(如图2-2)。

"一上"阶段,预算单位按照有关的预算编制要求,根据下一年度工作安排、部门职责、编制标准编制本部门预算,提出本部门基础申报数据以及预算建议数,并提供与预算需求相关的基础数据和证明材料,然后层层审核汇总后,由一级预算单位审核汇总后报至财政部门。

"一下"阶段,财政部门对一级预算部门上报的编报数据及预算建议数进行初审,并将审核后的修正意见向一级预算部门反馈,各一级预算部门按财政部门的修正意见在规定的时间内修改本部门的预算草案后再次报送财政部门,财政部门再次审核并汇总平衡,最后汇总成本级预算初步方案报至本级政府,经批准后向一级预算部门下达预算控制数。

"二上"阶段,预算部门根据"一下"预算控制数,再根据确保重点、兼顾一般的原则协调单位内部预算调整,对于由于新增工作任务或者编报遗漏的重大事项，按流程进行审定后，在汇总审核时统一平衡。最终把综合考虑本部门事业发展计划、年度计划编制部门预算草案上报至财政部门。在"二下"阶段，财政部门根据本级人大批准的预算草案批复部门预算。

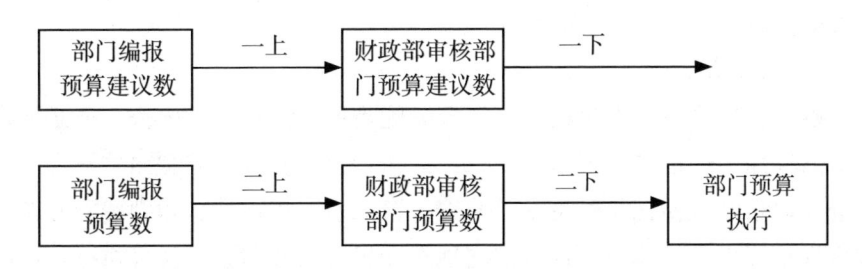

```
┌──────────┐  一上  ┌──────────┐  一下
│ 部门编报 │──────→│财政部审核部│──────→
│ 预算建议数│        │门预算建议数│
└──────────┘        └──────────┘

┌──────────┐  二上  ┌──────────┐  二下  ┌──────────┐
│ 部门编报 │──────→│财政部审核 │──────→│ 部门预算 │
│ 预算数   │        │部门预算数 │        │ 执行    │
└──────────┘        └──────────┘        └──────────┘
```

图2-2 部门预算编制流程图

（2）预算编制内容

事业单位的年度预算根据事业发展规划和任务编制，按照编制的内容主要由收入预算和支出预算组成。

收入预算是事业单位开展公益性活动依法取得的非偿还性所有收入来源的资金预算。主要包括：一般公共预算财政拨款收入、政府性基金财政拨款收入、上级补助收入、附属单位上交收入、事业收入、其他收入等。其中，一般公共预算财政拨款收入应按财政部门规定的口径测算。没有明确口径测算的收入，应根据上年收入情况，结合本年的相关因素编制。事业单位收入要做到充分、合理预计，应收尽收，力求准确。

支出预算是事业单位开展公益性活动产生的预算资金的耗费和损失。主要包括：工资福利支出、日常公用支出、对个人和家庭的补助支出、项目支出等，具体如下。

①工资福利支出。根据国家有关工资政策、开支标准及人员变动情况，结合各部门往年年度人员考核情况测定绩效支出，估算全年人员支出数额，测算人员经费支出预算。

②日常公用支出。包括办公费、邮寄费、通信费、水电费、维修费、取暖费、印刷费、卫生费、差旅费（城市间交通费、住宿费、伙食补助费、室内交通费、参加会议等的差旅费）、会议（培训）管理费等。视单位业务性质，依据国家有关政策规定和支出定额标准测算。

③对个人和家庭的补助支出。包括离休费、退休费、退职费、抚恤和

生活补助、医疗费、住房补贴、住房公积金等，按照核定的人数及规定的支出标准等因素测算。

④项目支出。包括办公及专用设备购置费、交通工具购置费、基础设施维修改造费及科研等专项支出。

6. 预算执行

事业单位将财政下达的预算资金分配到各个工作环节中去，务必要做到专款专用，严格按照国家规定的标准执行预算资金，控制预算资金的使用进度，限制包括三公经费、差旅费、会议费、培训费、印刷费的开销。预算规范变更，各部门、各单位的预算支出应当按照预算科目执行。不同预算科目、预算级次或者项目间的预算资金需要调剂使用的，按照财政部的规定办理。具体包括七项工作：分解预算指标，编制预算管理制度执行的管理办法，对非财政拨款的管理，预算执行情况的报告，审查执行进度，遇到问题进行预算调整，建立结余资金定期清理机制。

①分解落实预算指标。各单位根据制定的本年度总体目标进行分解，确定每个部门或科室的指标，落实责任。

②编制预算管理制度执行的文件。无规矩不成方圆，预算执行达到单位设定的目标，要对预算资金的使用进行严格管理。制度是单位有效运行的必要保障。制度中应包含的条款如下。

A. 建立预算执行审查的管理机构组织。

B. 确定好预算项目执行的负责人，有效进行责任划分。

C. 制定各种支出的控制定额。

D. 对预算的执行进行考核，并制定出考核办法以及奖惩办法。

③对非财政拨款的预算收入进行管理。对于非财政拨款的预算收入要纳入财政专户进行管理。财政拨款预算资金和非财政拨款二者共同组成了事业单位的收入。单位收到非财政拨款的收入要及时纳入财政专户。在使用非财政拨款时，要根据单位年度支出计划和财政拨款支出的情况按月使用此笔收入。事业收入就是由非财政拨款的预算收入组成的。

④各部门各单位要及时认真地向财政汇报预算执行情况的报告，并及时填写财政要求的相关报表，认真填写情况说明书，确保数字的准确无误。

⑤各单位的预算编审委员会要认真进行预算执行的监督工作，特别是

一些重要项目，要对执行进度、执行效果跟踪检查。一旦遇到问题，要及时采取行动，确保预期目标的实现。

⑥预算调整。在预算执行时，有时会遇到不可控因素，增加了支出或者减少了收入，这就需要对预算依照相关规定进行调整。

⑦建立结转结余资金定期清理机制。各事业单位上一年预算的结转资金，应当在下一年用于结转项目的支出；连续两年未用完的结转资金，应当作为结余资金管理。各部门、各单位上一年预算的结转、结余资金按照财政部的规定办理。要及时对结余资金进行盘活，提高财政资金的使用效率。

7. 预算绩效

预算绩效是公共财政绩效管理的重要组成部分，是一种以支出结果为导向的预算管理模式。预算绩效可以提高预算支出的责任和效率，在预算过程中更加关注预算资金的产出和结果。

从管理流程上来看，预算绩效是一个由绩效目标管理、绩效运行跟踪管理、绩效评价实施管理、绩效评价结果反馈和应用管理共同组成的综合系统。推进预算绩效，要将绩效理念融入预算管理全过程，使之与预算编制、预算执行、预算监督一起成为预算管理的有机组成部分，逐步建立"预算编制有目标、预算执行有监控、预算完成有评价、评价结果有反馈、反馈结果有应用"的预算绩效管理机制。

公共支出绩效评价，是指财政部门和预算部门根据设定的绩效目标，运用科学、合理的绩效评价指标、评价标准和评价方法，对公共支出的经济性、效率性和效益性进行客观、公正的评价。

随着公共预算绩效考核体系建设的日益完善和预算绩效考核工作的深入，其预算绩效考核评价方法也不断发展。"5E"评价法作为其中的代表，在公共部门绩效评价中被不断采用。"5E"评价法是从经济（economy）、效率（efficiency）、效果（effectiveness）、公平（equity）和环境（environment）五大标准分类建立相关考核指标，进行分析、评价的预算绩效行为。

"5E"评价法的内容与"5E"评价法的标准是息息相关的。事业单位从经济、效率、效果、公平、环境出发建立相关考核指标内容。

一是经济性指标内容，在保证预算绩效考核质量的前提下，将其资源消耗量降到最低水平。这需要采取一定方法参照经济参数，对预算各项目投入和资金支出等因素进行分析、研究、计算和对比论证，通过反映微观经济效益的预算绩效评估和宏观经济效益的国民经济评估，综合判断各预算项目的经济性。

二是效率性指标内容，在保证预算绩效考核质量的前提下，以一定的投入实现最大的产出，或使用最小的投入实现一定的产出。这需要制定一套效率评估指标体系来反映预算的收支关系。可采取定量指标和定性分析相结合或参数评估与多目标综合分析相结合的评估方法，确保效率性是评价预算绩效考核的效率核心。

三是效果性指标内容，即由社会效益、经济效益和政治效益组成。社会效益体现为人们的生活水平和生活质量的普遍提高，公共服务和公共产品的供应及时到位，社会和谐有序协调发展等；经济效益表现在经济可持续发展程度上，以发展程度来综合考察衡量经济增长率、就业率和汇率等经济效益指标；政治效益表现在制度安排和制度创新上，这是政府的核心职能之一，其创新能力越强和职能效用越大，政治效益就越能体现。

四是公平性指标内容，是预算绩效考核活动自身的公平性。预算绩效考核对象的公平性，即预算支出部门在实施预算支出和提供公共服务的过程中是否遵循公平性原则。

五是环境性指标内容，是建立在可持续发展观理念上。其首先考虑自然生态过程永续生产力和持久变换能力的可持续性，使生态资本存量通过生态再生产的各个循环环节和合成与分解的转换机制能够达到保持或增加，使生态环境资源适应经济社会不断发展的需要。

"5E"评价法的流程：一是准备评价，明确"5E"评价指标内容，使得评价工作有计划、有针对性地进行；二是评价实施，以指标内容收集全部数据、文件资料，进行汇总梳理，注重重点内容把控，全面细致考核，做到有的放矢，提高评价实施效率；三是撰写评价报告并提交，以第二阶段资料为基础，将预算绩效评价流程和评价方法紧密结合，综合分析，修改完善评价报告，达成报告的科学性、全面性、综合性。

（二）事业单位推行全面预算管理的意义

事业单位要以国家利益作为出发点，根据预算管理制度，进行资金的筹措。为了实现事业单位的可持续发展目标和保证事业单位的正常运转，管理者要按照事前预算计划合理安排资金。预算管理可以反映出国家的经济发展规模和经济效益状况。事业单位提高制定政策的准确度依赖于预算管理对信息的分析研究程度。随着时代的变迁，事业单位逐步走向市场，由于资金来源的多样性，预算内容有所增加，因此采用全面预算管理来控制事业单位活动是十分必要的。管理者对预算资金的控制调整性的应有一定限度，否则不利于预算的执行。全面预算管理贯穿于预算管理的每一个流程中，这样可以降低支出安排的随意性，提高资金的使用效率。

全面预算管理的主要内容是细化预算，强化预算约束，加强绩效考评。实行全面预算管理不但能够促使预算管理的环节更加科学，而且能使资金的配置更加合理，进而提高预算资金的使用效率。管理者对单位预算执行情况要做到及时反馈，另外对单位所有经济活动应进行预测、控制和监督。因此，事业单位推行全面预算管理是提高预算单位财务管理水平的有效办法，是深化部门预算改革的保证，是国家宏观管理和监督的条件。全面预算管理强化对事业单位的监管令社会经济向健康蓬勃的方向发展。

事业单位是国民经济的重要组成部分，国家对事业单位越来越重视，这体现在国家逐年增加对事业单位的财政拨款。现在出现的问题是：怎样安排这些经费？如何做到对经费支出合理控制？怎样对资源进行有效配置？资金使用效果如何改善？解决这些问题需要一种综合性的管理工具，全面预算管理具有全程跟踪的效果，可以改善这些缺陷。事业单位实施全面预算管理后，可以使预算管理水平得到大幅度的提高，单位内部职能部门的沟通与协调得到加强，对资源的配置有优化的作用。由此可见，加强事业单位的全面预算管理，对提高事业单位的财务管理水平具有深远意义，其具体体现在以下几个方面。

①科学合理地配置资源，实现资源利用最大化。全面预算管理对预算的始终进行全程和全方位控制，避免了资源的浪费，让预算资金得到高效率的执行。比如项目执行完毕后，略有结余，项目负责人及时向财政申报，使其收回结余资金。

②保证资金统筹安排，保证国家政策实施。全面预算管理能够确保国家政策顺利实施，防止资金挪用现象的出现。它还可以对资金的使用安排

进行统筹规划，保证财政资金与国家政策相适应，切实做到专款专用。

③有利于对事业单位进行评估。评估事业单位的资金使用效率时，评估者可以运用全面预算管理的考核环节。可以选择的标准多种多样，如以财务指标或者预算执行情况与预算金额差异作为评估指标。评估者对多方面的指标进行评估，使得评估结果更加准确有效。

④提高单位管理者的预算管理知识水平。全面预算管理作为一种综合性较强的复杂工作，管理者需要不断学习有关预算管理的知识，包括要有风险意识，现在有很多单位预算的编制以及执行工作都由财务部门承担，财务部门的管理知识水平以及业务能力直接影响了单位预算管理水平的优劣。单位管理者具有较好的预算管理知识，调动起各个部门的预算工作积极性，可以促进预算工作的顺利开展。单位领导者具有高水平的预算管理知识，能够对风险进行控制，在尽量降低损失的情况下，可以及时采取措施进行预算调整，保证预算年度总目标的实现。

（三）事业单位全面预算管理存在的问题

1. 事业单位全面预算管理的意识淡薄，缺乏完善的预算组织体系

事业单位对全面预算管理的意识淡薄，未形成有效的预算管理体系。管理层重视程度不足，缺乏良好的预算管理氛围。对预算管理的全员参与性认知不到位，部分单位仍然认为预算只是财务部门的工作。虽然预算体现为一系列财务数据，但其数据却是来源于单位各部门及各位职员的信息汇总。组织结构设计方面缺乏对预算进行领导和组织工作的完善的预算组织体系，导致预算组织工作平衡与协调不足，调节应变能力欠缺，不够及时。一部分事业单位仍然未建立预算管理领导组织或者存在预算管理组织未能发挥有效的管理及协调作用的情况。

2. 事业单位全面预算目标制定的不足

①制定全面预算目标缺乏战略性和长期性。事业单位缺乏市场化竞争机制的引导，战略目标和规划不够明确。预算目标制定是以战略目标为指引并将其进一步细化分解的过程。尤其对于项目预算的制定，业务部门提交的预算更重视短期资金需求，缺乏对单位的长远规划，容易忽视与单位战略目标的密切关联，造成预算目标短期化。

②预算绩效目标形同虚设，大部分单位的绩效管理还没有深入预算全过程，绩效目标的填报大多只是为了完成预算编制过程中的一项任务。

3. 事业单位预算编制存在的问题

①预算编制方法缺乏科学性，数据准确性普遍不高。每个事业单位或多或少都有项目预算，部分事业单位编制预算时往往会争取尽可能多的财政资金，而忽视了实际需求，造成预算松弛的现象。

②仍有部分事业单位还在采用传统的简单增量法来编制预算目标。增量法编制预算较为简单方便，但是受历年数据及经验影响较大，不利于细化分解预算目标，有碍于提高资金的使用效率。

③大部分事业单位预算编制的时间过于仓促，在编制过程中缺乏足够的前期准备和调研。我国事业单位的年度预算编制一般于前一年十月提交，等待上级财政部门下达预算任务后，各单位才能编制预算报表上报上级单位或财政部门。每个单位的预算编制时间不尽相同，多则一个月少则一周，时间过于仓促，不能充分合理地分解年度工作目标，业务部门及财务部门没有时间收集整理基础资料、分析基础数据，更谈不上细致规划。大部分单位只是将预算编制作为任务去完成，没有将其视为一种具体的管理方法。

4. 事业单位预算执行与控制存在的问题

①事业单位的内部控制环境相对薄弱，内部风险控制体系设计不健全，没有进行相应的风险管理。有部分事业单位管理层和职工对内部管控的认识不足，存在盲区，未建立完善高效的内部控制体系。事业单位缺乏对自身行业和工作特点进行的相应风险评估，未建立完善有效的风险预警和监管机制。

②缺少强大的信息沟通平台，信息不共享，预算执行与控制依据不充分。由于财务部门对于业务了解存在局限性，往往只根据预算额度及发票的合规性做出支出审批，有时不能完全正确判断支出的必要性及合理性，最终使得支出虽不超预算也不低于预算，但必要性、合理性存在质疑。

5. 事业单位预算绩效评价与考核的不足

①重支出，轻绩效。单位的绩效管理未做到全过程、全方位覆盖。在我国公益类事业单位中，项目经费在资金使用中占比较大，绩效管理对项目资金的管理尤为重要。但部分事业单位只注重怎样把钱花出去，对支出

的合理性和必要性无从监管、考核。

②绩效评价指标的设置过于笼统，难以给实际工作需要提供有力参考。目前绩效目标的设置一般情况下是财务部门的工作任务，而财务部门对具体业务的了解存在局限性，绩效目标设置过程缺乏从多角度考虑，造成目标设置的先天不足，对具体业务的指导性不强，存在设置不合理的现象。

③尚未建立预算绩效评价结果与预算编制的反馈机制，绩效评价没有起到参考作用，约束及激励作用也不明显。

二、创新路径

（一）优化预算组织机制

优化预算组织机制是为了实现预算管理目标，选择适用的组织模式。预算管理应设立决策执行与监督分设、岗位合理、沟通协调、监督有效、信息公开的组织架构。

1. 优化预算管理机制

（1）提高对全面预算的重要性认识，设置完备的全面预算组织结构

事业单位全体人员要认识到全面预算管理的重要性，了解全面预算管理是一项全员、全过程、全方位的系统性工作。首先，员工要转变观念，认识到全面预算管理不是仅靠财务部门或是管理层就能完成的工作，而是需要全体参与，各部门通力配合，有效协调沟通；其次，管理者要制定单位内部全面预算管理的有关制度和实施方案，并以此为依据推进工作的落实；最后，根据工作需要随时开展培训。新政府会计制度实施后，事业单位改变了以往的会计核算模式，增加了工作难度，对全面预算管理工作也产生了一定程度的影响，需要开展培训交流活动，进一步提高单位全体职工对全面预算管理的认识和了解，从而提升管理水平。

（2）设置完备的预算组织结构，明确各自的职责任务

预算决策层——预算管理领导组，处于全面预算管理的领导核心地位，成员主要是单位负责人、财务部门负责人和业务部门负责人、项目负责人等。负责全面预算管理的领导、审核、监督。主要工作任务是：制定有关预算管理的规章制度等；按事业发展目标制订预算编制方法和程序；审核

事业单位的预算草案；审核执行与预算差异分析报告；审核预算调整方案，并做出预算调整的决定。

预算职能部门——预算管理办公室，以财务部门为核心，由行政部门及人力部门组成。负责编制全口径的收支预算草案；监督和控制资金运用过程和结果；编制执行与预算差异分析报告；制订预算调整方案；保障资金安全，有效控制成本支出。同时监督控制各部门的预算执行率，保时、保质、保量完成预算。

预算责任部门——单位各业务部门，是预算的具体实施部门。负责本部门的预算编制及执行工作，向预算管理部门提供必要的基础信息资料，及时反馈实际发生的业务信息，以保证预算方案顺利实施，并为预算评价与考核提供数据支撑。

（3）制定预算目标

事业单位预算目标以战略目标作为指引。战略目标是经营目标的宏观表现，而预算目标是以战略目标为方向将经营目标细化和分解。事业单位制定的预算目标要服务于整体战略目标，尤其是项目预算的制定，避免目标短期化。将绩效目标的制定深入预算目标制定的过程中，用绩效目标强化、指引和约束预算目标的实施。具体步骤为：①按绩效管理要求，将绩效指标按层次分为多层级指标。以事业发展需要为目标明确主要任务，制订年度工作计划，预计实现目标达到的产出和效果，通过定性和定量的方式加以衡量；②将每项工作任务具体化，提炼出关键性指标；③根据历年基础数据资料及项目库信息，结合当年整体目标及任务安排，确定绩效目标的具体数值。

2. 健全预算议事决策机制

事业单位对于预算决策应采取集体研究审批、询问专家和技术咨询的方法。对于重大预算决策应按照民主集中制原则，进行充分论证，实行科学决策。对于专业性比较强的预算活动，应当听取专家的意见，或者进行专业技术咨询。同时建立起责任追究机制，坚持谁决策、谁负责，对于预算中出现重大决策失误、未履行集体决策的程序和不按照决策执行的人员进行责任追究。

3. 健全部门间协调沟通机制

一是事业单位应建立各相关部门的工作协调机制。在预算管理中形成"以预算为主线、资金管控为核心"的流程协调机制，积极发挥财务、政府采购、资产管理、合同管理、基建等相关部门或岗位的作用，保证预算管理在分权基础上的充分高效运行，努力实现预算全过程协作。

二是实行归口管理，加强部门间的信息沟通。事业单位可以采取归口管理作为加强工作沟通的方法。归口管理是单位按照管理要求与管理事项的性质，结合单位实际情况明确单位内部各个业务的归口管理责任单位的方法。公益性事业单位的部分预算资金分散在各个业务部门具体开展，需要各部门协调完成，如果没有进行及时的沟通，就容易导致预算资金使用效率低下，影响财务信息的质量，影响单位业务经济活动的顺利开展。单位在预算管理时，可以成立归口管理部门，加强部门间的信息沟通，指导、审核单位内部跨部门的经济业务以及相应的预算经费支出。

4. 完善预算监督机制

内部审计部门是预算监督机制的重要组成部分，是强化过程监督的重要方式。事业单位应充分发挥内部审计的作用，通过内部审计监督及时发现预算管理中的问题和薄弱环节，并及时改进，确保预算监督的机制得以有效运行。在现实中，事业单位预算管理的组织机制建设方面还有一定缺陷，大多没有成立内部审计部门，造成了预算业务没有部门监督。单位可以成立内部审计部门，充分发挥内审机构的监督作用。单位在加强内审工作时一定要重视以下几点：一是保障内部审计部门的独立性。审计部门作为内部的审计机构，应成立一个单位独立部门，来保障内部审计的独立。单位必须为保障审计部门依法审计、依法查处问题、依法公告审计结果提供组织保证；同时各业务部门要积极配合内部审计工作，向内审部门提供审计所需资料，通过内部审计规范经济业务活动。二是提高内部审计专业性。单位必须配齐配强审计人员，加强审计队伍建设。审计人员应当由具备多元化教育背景和专业资格的人员组成，事业单位应不断提高审计队伍的专业化水平。三是严格预算审计，提高预算资金使用效率。审计人员应介入预算管理的全过程，负责审查预算编制过程是否遵循规定程序，预算分配是否公开、公平、公正。同时把预算绩效评价作为预算审计的重点列入年度审计任务，尤其是对重点项目立项依据、项目实施情况、效益发挥情况进行审查，提高审计在预算管理方面的话语权。

5. 建立预算公开机制

事业单位应建立预算公开机制，持续深入推进预算的公开。单位持续深入推进公开预算以及"三公"经费的财务信息，将有利于防范腐败，提高预算资金使用效率，加强部门预算管理，健全现代治理体系和治理能力的现代化，提高公共绩效。单位应该根据新《预算法》《会计法》积极推进预算公开，同时也要做好财务信息的加工处理工作。目前，我国事业单位预算公开采取了自上而下的"强制公开"模式，如何把"强制公开"转变为积极主动的"自愿公开"，是事业单位机制建设的重点。政府可以建立以利益为导向的包含奖惩绩效评价的预算公开管理机制，使预算公开变成内生动力。

（二）优化预算绩效管理体系

事业单位在预算管理中应全面开展预算指标分析、绩效目标"双监控"，优化预算绩效管理体系，建立基本支出和项目支出动态调整机制，完善预算资金管理办法，强化对重大基本支出和项目支出的全周期跟踪问效，提高预算使用效益。开展预算指标分析一般是对预算编制、执行的结果进行分析，而预算绩效评价是对预算业务活动的全面评价。

1. 完善预算分析指标

事业单位在预算结束后，按照规定和要求准确编制决算，确保决算真实完整，为预算指标分析打下良好基础。

在定量分析中，在预算指标分析中注重预算编制的准确性和预算执行的有效性。

①预算编制的准确完整性。以下指标是衡量事业单位预算编制的准确完整性。

A. 财政拨款收入预决算差异率。计算公式为：财政拨款收入差异率 =（决算数 - 年初预算数）/ 年初预算数 × 100%。

B. 事业收入预决算差异率。计算公式为：事业收入差异率 =（决算数 - 年初预算数）/ 年初预算数 × 100%。

C. 其他收入预决算差异率。计算公式为：其他收入差异率＝（决算数－年初预算数）/年初预算数 ×100％。

D. 年初结转和结余预决算差异率。计算公式为：年初结转和结余差异率＝（决算数－年初预算数）/年初预算数 ×100％。

E. 人员经费预决算差异率。计算公式为：人员经费差异率＝（决算数－年初预算数）/年初预算数 ×100％。

F. 公用经费预决算差异率。计算公式为：公用经费差异率＝（决算数－年初预算数）/年初预算数 ×100％。

G. "三公"经费支出预决算差异率。计算公式为："三公"经费差异率＝（决算数－年初预算数）/年初预算数 ×100％。

②预算执行的有效性。以下指标衡量事业单位的预算执行质量。

A. 人员支出、公用支出执行差异率。

计算公式为：人员经费预算执行差异率＝（人员经费决算数－年初预算数）/调整预算数 ×100％。

公用经费预算执行差异率＝（公用经费决算数－年初预算数）/调整预算数 ×100％。

B. 财政拨款结转结余上下年变动率。

计算公式为：财政拨款结转结余变动率＝（本年年末数－上年年末数）/上年年末数 ×100％。

在定性分析上。公益性事业单位以提供公共服务为主要业务活动。公益性事业单位可以从服务对象或受益者满意程度来综合考虑设计。同时在预算支出的效益上不能只关心经济效益，还要关注产生的社会综合效益、生态效益等。在分析结果后，要加强结果应用，提高预算资金的使用效率。

2. 构建完善的预算绩效管理体系

事业单位应使用绩效理念和方法深度融入预算管理全过程，加快构建"全方位、全过程、全覆盖"的预算绩效管理体系。预算绩效管理全过程包括以下内容。

①绩效目标设定。公益性事业单位对所有预算资金安排的基本支出和业务类项目支出全部实行绩效目标管理。单位要认真编报绩效目标，合理设置绩效指标及目标值，切实提高编制质量。

预算绩效评价指标是对预算绩效的量化、细化，是进行预算绩效考核的基础，是衡量预算绩效目标实现程度的考核工具。根据事业单位预算管理实际情况，并遵循重要性、可比性、系统性和经济性等指标设定原则和"5E"预算绩效评价法进行设计制定。事业单位预算绩效评价指标划分为由部门自行制定的个性指标和由单位整体制定的共性指标。个性指标是针对不同预算执行部门特点或服务职能设定的，适用于不同预算执行部门的业绩评价指标。共性指标是由预算编制、预算执行、财务管理状况、资产配置、社会效益、经济效益等各类指标组成的，适用于所有预算绩效考核评价对象。

在借鉴国家试点行政部门整体支出绩效评价指标框架的基础上，我国结合事业单位特征，按照投入、过程、产出、效率、结果五大评价指标内容构建成公益性事业单位预算整体支出绩效指标体系。

②绩效跟踪监控。在这个环节，事业单位对预算资金的绩效目标开展跟踪和监控，及时发现并纠正绩效出现的问题，确保目标的实现。

③绩效评价实施。事业单位预算监督部门应按照公开、公平、公正的原则开展预算绩效评价，根据单位所有财政资金年度总体绩效目标完成情况，对照绩效目标设定，进行预算绩效评价，出具单位预算绩效评价报告。

④评价结果应用。事业单位可以实行将绩效结果与奖惩机制挂钩，根据综合绩效评价结果对相应业务部门进行相应奖惩。单位预算监督部门要及时地把预算绩效评价结果反馈给相关业务部门，让他们及时了解绩效评价的结果。单位可以充分发挥绩效评价的激励导向作用，依据年度预算考评结果实施奖惩，切实推动单位的预算管理水平的上升。同时单位要注重绩效评价报告的应用，根据预算绩效评价报告的内容，发现和解决预算管理中存在的问题和不足。针对单位不足的地方要及时改进，一些好的做法要积极推广经验，以此来提升单位绩效管理的水平。

（三）优化预算风险管理

风险评估与单位管理目标息息相关，是单位及时识别、系统分析经济业务活动中相关的风险，合理确定风险应对策略的过程。事业单位预算管理风险评估是对预算高风险经济活动业务风险进行识别、分析与评价。事业单位要不定期开展预算管理风险评估，建立风险预警系统，制定合理的

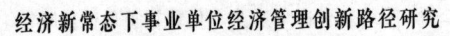

政策，有效地预防风险。

1. 优化评估方法

评估方法：从风险可能性、风险影响度的方面采用定性、定量相结合的方式进行评估。

（1）可能性定性的测度

很可能：即在多数情况下预期可能发生。

可能：在某些时候可能发生。

不太可能：在多数情况下都不太可能发生。

表2-1 风险评估的五级评分

可能性	评分				
	1	2	3	4	5
可能性定量分析	10%以上	10%~3%	30%~70%	70%~90%	90%~100%
风险可能性测度	不太可能		可能	很可能	
风险可能性测度的描述	极低	较低	中等	较高	极高
	一般情况下不会发生	在极少情况下才会发生	会在某些情况下发生	会在较多情况下发生	经常会发生

（2）影响程度分析的测度

把风险影响程度分为：重大，次重要，不重要。

重大：对目标实现有较高、极高的影响。

次重要：对目标实现有中等的影响。

不重要：对目标实现有极低、较低的影响。

表2-2 风险评估的影响程度

影响程度	评分				
	1	2	3	4	5
风险影响程度分析	预算编制、执行差异率≤5%	5%≤预算编制、执行差异率，≤10%	10%≤预算编制、执行差异率，≤20%	20%≤预算编制、执行差异率，≤50%	预算编制、执行差异率≥50%
风险影响程度测度	极低	较低	中等	较高	极高
财务影响	极低的财务损失	较低的财务损失	中等的财务损失	重大的财务损失	极大的财务损失
声誉影响	负面消息未使单位声誉受损	负面消息造成单位声誉轻微受损	负面消息造成单位声誉中等受损	负面消息造成单位声誉重大受损	负面消息造成单位声誉灾难性受损
风险影响程度测度描述	不会影响单位的日常生活动	对单位日常活动有轻度影响	对单位日常活动有中度影响	对单位日常活动造成重大影响	对单位日常活动造成灾难性影响

（3）进行风险识别矩阵

单位根据风险分析的结果，结合风险承受程度，制作形成本单位的风险识别矩阵。

表2-3 风险分析的识别矩阵

影响程度			可能性				
			极低	较低	中等	较高	极高
			0~1	1~2	2~3	3~4	4~5
高	极高	4~5	二级	二级	一级	一级	一级
	较高	3~4	三级	二级	二级	一级	一级
中	中等	2~3	三级	三级	二级	二级	一级
低	较低	1~2	三级	三级	三级	二级	二级
	极低	0~1	三级	三级	三级	三级	二级

2. 优化风险收集、识别与评价方法

事业单位应成立多部门参与的风险评估小组。针对预算管理方面：一是开展预算管理风险信息收集。风险评估小组要及时收集与预算管理相关的风险原始信息。原始信息分为外部环境风险和内部环境风险两个部分。外部环境风险包括政治、社会、法律、经济环境等影响预算管理的因素；内部环境风险包括预算组织、编制、执行、决算等风险。风险评估小组可以通过内部讨论、外部沟通等多种方式对信息进行收集，确保风险初始信息的收集充分、有效。信息收集完毕后要对信息进行进一步筛选、归纳、分类。二是开展预算管理风险识别。风险评估人员对预算管理内部风险和外部风险进行识别，进一步分析预算组织、编制、执行、决算等方进行面的风险事项的成因、类别、可能性，评价风险等级。三是对预算管理风险进行界定。在界定风险时，单位可以采用定性与定量相结合的方法对风险界定。定性方法包括问卷调查、调查研究、集体讨论、专家咨询、政策分析等。定量方法包括采用统计推论（如集中趋势法）、计算机模拟（如蒙特卡罗分析法）等。

3. 优化预算管理风险应对方法

事业单位应根据预算风险点的情况，采取有效的风险预防，明确每个风险的管理策略和风险解决方案。单位在制定风险管理策略时应遵循合规性、全面性、审慎性、适时性原则，以预算制度为基础、以预算流程为依托，将预算风险管理覆盖预算管理的各个环节和岗位，并形成完善的风险管理机制。

随着单位内部环境和外部环境风险的变化，事业单位要对已制定的风险管理策略的有效性和合理性进行定期总结和分析，不断修订和完善风险管理策略。

（四）优化预算管理信息系统

事业单位应建立完整的预算管理系统，减少人为信息干扰，实现单位预算管理信息化。

事业单位应充分运用信息系统技术手段加强预算管理，将预算权限及其管理流程嵌入单位信息系统，并保障系统之间预算人员行使权力互不干扰，互不影响，信息共享；同时也可在系统间进行业务协同，提高办事效率和管理水平，使预算业务活动处理过程与结果透明和公正，实行预算管理的程序化和常态化。单位的预算信息管理系统建设要根据自身的人力、财力、物力，建设适合自身特点的信息系统。在建设过程中也可以寻求外部信息技术供应商的技术支持，外部信息技术供应商可以是专业机构或者专业人员。

客观而言，单位要实现预算管理信息化，是一个长期持续的过程，需要从自身的实际情况出发，不断优化推进预算管理的信息化发展。在信息管理系统建设过程中企业的ERP综合管理系统有很好的借鉴意义，ERP综合管理系统可以让企业各个部门实现信息资源的共享，最终实现企业管理目标的实现。单位在建立预算信息系统时可以充分借鉴利用ERP系统来进行构架设计，为减少人为因素对预算信息的影响，把预算管理流程、控制方法嵌入信息系统；单位预算信息通过系统流转，预算管理系统可以把预算信息程序化、标准化，提高信息沟通的效率，提高信息沟通效果，实现预算信息的有机融合。

（五）优化预算管理过程

合理科学地编制预算，可以加强预算的准确性；严格地执行预算，可以提高预算的及时性和准确性。

1. 优化预算编制

（1）采用零基预算编制方法，健全"全口径、一体化"预算编制体系

近年，行政单位不考虑往年的预算的情况，开始采用零基预算编制方法，规范预算管理，提高预算编制的科学性和预算执行的严肃性。为提高部门的预算管理水平，事业单位可以采用零基预算编制方法编制预算，科学合理地预测单位本年度收入预算，实事求是编报各项支出预算，使预算更加符合单位实际。事业单位编制预算时应按照"全口径、一体化"的要求编报预算，完整反映各项财政资金来源和支出安排。单位在预算"一上"阶段要按照"应编尽编"的原则，把收支全部编入预算，科学把握各类预算的功能定位，保证全口径预算编报质量。

加强单位收入预算管理。事业单位要严格依法组织收入，要切实加大结转资金、当年预算等各项资金统筹力度，努力盘活利用事业基金、银行存款等单位自有资金，避免资金闲置和沉淀浪费，按照量力而行和讲求绩效的原则，合理安排符合规定的各项支出。对于单位财政拨款结余结转资金，

要在下一年度预算编制时安排执行；对于单位事业基金、银行存款等沉淀资金，加大部门（单位）自有资金统筹力度，积极消化；对于单位其他收入，例如利息收入，也要全部编入预算，与财政资金统筹安排，完整反映单位实际收支情况。

（2）高质量编写项目支出，加强项目库管理应用

事业单位项目支出绩效目标申报填写质量不高，会直接影响到单位项目审批，所以要高质量编写项目支出绩效目标申报表。

项目支出绩效目标申报表应该包含以下完整内容：项目策划及准备、可行性研究和专家论证、编制项目方案基本情况、项目概况、主要内容、项目预算表、项目实施进度计划、项目绩效目标、年度绩效指标、其他需要说明的问题。年度绩效指标一般分为产出指标、效益指标和满意度指标。一级指标可以下设二级、三级指标。根据事业单位的特征，效益指标里除了设置经济效益外，还需关注社会效益、经济效益、可持续发展等，产出指标要重点关注数量、质量、成本、时效，满意度指标要以受益者满意程度为主。事业单位项目支出绩效指标如表2-4。

表2-4 事业单位项目支出绩效指标

一级指标	二级指标	二级指标解释	常用指标
产出指标	数量指标	反映资金使用单位计划完成的产品或服务质量	具体数量
	质量指标	反映资金使用单位计划提供产品或服务达到的标准、水平	完成率
	成本指标	反映资金使用单位计划提供产品或服务所需要的单位成本或总成本费用	
	时效指标	反映资金使用单位计划提供产品或服务的阶段性投入时间或全部完成投入时间	完成及时率
效果指标	社会效益	项目预计产生的社会综合效益	
	经济效益	项目实施预计产生的直接或间接经济效益	
	生态效益	项目实施预计对生态环境产生的积极或消极影响	
	可持续影响	项目实施预计对人、自然、资源是否带来可持续影响	
满意度指标		反映服务对象或受益者对财政支出效果的满意程度	

事业单位应该要求所有业务类和投资发展类项目都要填写绩效目标申报表，都要进行绩效目标自评，着力提高绩效目标申报表的编制质量，重点解决不准、不实、难以评价等问题。在填报绩效目标申报表时，每个项目的绩效申报表要按照指标填写完整和全面，对于可以量化的指标要尽量量化具体。

加强项目库管理应用。事业单位为解决"钱等项目"等资金闲置问题，要发挥项目库在预算管理中的约束和支撑作用，对于不在项目库的项目不再安排预算。单位要及时做好项目储备和入库管理，成熟一个，入库一个。原则上单位申请预算安排和追加预算的项目应全部纳入项目库，并在预算年度开始之前列入项目库。同时优化项目质量，对现有项目进行实质性整合、精简、规范，重新逐项梳理现有项目资金，原则上不纳入无细化政策内容、无项目库支撑、无详细资金测算的项目。对于长期固化和交叉重复的项目进行评估，该撤销的坚决撤销。对同类或相近的项目统一管理，进行项目合并。

2. 优化预算执行

①制订预算年度预算执行计划，加快预算有效执行。单位可以按照预算管理制度和财政部门预算执行时限有关要求，编制形成单位预算执行计划书。预算执行计划书一定要明确预算执行的时间节点和工作措施。单位可以采取时间节点考核办法，考核各部门是否完成预算执行计划书的计划，持续推动预算执行。例如财务部门建立预算执行月通报制度，对执行过慢的部门进行通报、约谈，提出预算执行建议，同时抄报预算决策部门，推动各部门重视预算执行和加快执行进度。

②实施预算执行动态监控、预警核实处置、支出预警反馈。单位依托预算管理信息系统，实施预算执行动态监控。预算管理部门和财务部门可以通过预算信息系统动态监控预算执行的实际情况，对出现的问题及时纠正。为了确保预算的支出合理合规，单位合理设置预警指标，实施预警核实处置和支出预警反馈。如果发现预算支出出现预警提醒，各部门一定要认真核实业务的合规性，避免潜在的风险和问题，提高预算执行的准确性。

③建立预算执行调度制度。在预算执行过程中，单位可以召开专题会议来调度预算执行过慢的支出和项目。尤其是要关注规模较大的经费支出

和重点项目的预算执行过慢问题,深入分析执行过程中问题产生的原因,提出切实可行的改进措施,确保单位年度预算目标的完成。

第三章 经济新常态下事业单位财务管理创新路径

事业单位财务管理工作是事业单位最重要的管理工作之一，在信息时代、"互联网+"和大数据的背景下，加之新时代不断更新的会计制度和会计政策对事业单位财务工作来说既是机遇又是挑战，它们不仅对事业单位财务工作提出了更高的新要求，也为事业单位信息化水平的提升指明了新的发展方向。因此，在经济新常态下，事业单位财务管理要不断改进，才能适应国家发展战略的要求。

一、主要内容

（一）事业单位财务管理概述

1. 财务管理概念

财务活动是经济主体筹集、使用和分配资金的活动，是资金运动及其所体现的关系经济。财务管理主要是指在特定的整体目标下，关于资产的购置（投资），资本的融通（筹资）和经营中现金流量（营运资金）以及利润分配的综合性经济管理。

2. 事业单位财务管理概念

事业单位财务管理是指事业单位在执行事业计划、开展业务活动的过程中，对预算管理、现金及银行存款管理、资产管理、收入管理、支出管理、采购管理、往来资金管理、财务监督和财务分析等事项的管理。

3. 事业单位财务管理的特点

一是政策性强，行政事业单位财务各项活动，体现国家的财政方针政策，反映各项行政事业活动的范围和方向。因为行政事业单位的收入，一般都是从财政部门拨款取得，也与行政事业单位预算有关。支出方面也有很强的政策性，必须按照规定的开支标准、开支范围支出，不允许随意支出，应严格执行财务制度。

二是涉及面广，行政事业单位遍布全国，基层事业单位更是涉及城乡，事业活动涉及各行各业。基层行政事业单位服务于广大人民，如农业、水利、交通、文化教育、广播电视、医疗卫生等直接为群众提供生产、生活服务，关系到群众的健康和衣食住行。

三是经费来源是财政拨款，属于无偿性的，行政事业单位一般都是非生产性单位，所需经费大多不能自给，为了实现国家经济建设计划，都需要财政无偿地拨给经费。

4. 事业单位财务管理基本原则

（1）法治原则

依法经营管理，严格执行事业单位各项管理制度，严格执行国家财政法律法规，坚决做到"学法、守法、执法"，是事业单位财务管理工作者秉承的法治理念，也是事业单位财务管理优化原则中最重要、最基本的原则。

财务管理工作是保证事业单位正常运行的基础，要将这项工作落到实处，重要的法宝是依法行事，也就是说必须做好两件事：一是管理者要树立法治观念，认真学习有关财经的法律法规，不断丰富自己的法律知识，明确违法与合法的界线。二是管理者要严格执法，依照法律认真执行各项规章制度，做好账务结算核算工作，无论是资金的下拨、追缴、回笼，还是资金的调配，都要做到有理、有据、有力，确保事业单位的财务管理体系规范化运行。

（2）统筹兼顾原则

事业单位的财务管理工作涉及方方面面，只有树立大局意识，兼顾各方利益，才能实现事业单位的可持续发展。

①兼顾各部门利益。事业单位各部门业务的开展都离不开资金支持，因此，事业单位财务管理者应从实际出发，制定合理的预算管理和绩效考评办法，在经费下拨方面协调各方利益，努力做到公平公正。

②兼顾当前与长远利益。事业单位财务管理工作很难一蹴而就，因此

事业单位财务管理者应把握当前利益与长远利益的关系，认真做好财务预算，科学合理地控制日常开支，既要保证财政资金能满足高校日常需要，也要为事业单位长远发展做好资金预留，确保事业单位可持续发展。

③兼顾国家与职工的利益。事业单位资金的管理，既要服从国家政策要求，听从国家和政府的安排，还要满足事业单位职工需求，应通过有效途径为全体职工谋取福利。

（3）宏观调控、微观搞活原则

宏观调控、微观搞活原则应当有两个层次的含义。

①政府对事业单位资金进行宏观调控原则。政府对事业单位宏观管理的主要职能是对事业单位进行宏观调控和为事业单位的发展提供服务，并从政策与发展方向上给予引导和调控，促进事业单位的建设和发展，引导事业单位向适应社会需要的方向发展。在国家的鼓励和倡导下，政府在政策和发展方向上给予事业单位积极的调控和引导，当事业单位财务运行出现瓶颈时，政府应进行适时合理的调节，为事业单位提供倾斜性政策，以保证事业单位能获得可持续发展的资金。

②在事业单位内部实行微观搞活原则。事业单位财务管理部门应发挥"管家"的作用，通过制定财务预算管理机制、财务目标绩效考核体系，对事业单位内部各职能部门进行严格考核，并将全年财务目标的完成情况定为对各部门绩效考核的重点。只有这样，才能使用经济手段从微观上调动员工积极性和主动性，从而促进事业单位各项工作健康发展。

5. 事业单位财务管理的现实意义

财务管理体制的完善与否关系着行政事业单位能否顺利运行。财务管理系统是整个行政管理体系的发动机，是机器运转不可或缺的一环。在市场经济快速发展的新时期，我国的社会经济体系正处于重要的历史变革时期，在这一时期处于社会经济体系变革中的不只有企业，行政事业单位作为我国社会经济体系中重要的存在主体，它的发展也面临着强大的外界压力。想要完善行政事业单位内部管理体制，建立健全财务管理体系是非常重要的。因此，从行政事业单位自身的发展和完善这方面来说，建立健全财务管理与监督体系有利于单位内部管理体制的完善。将财务管理作为行政事业单位内部管理体系的重要建设内容，任何时候都必须强抓不放，通过严抓财务管理，将其在内部控制管理方面存在的问题和疏漏进行有效的弥补，进而保证行政事业单位管理体系运行的顺畅，使其能够更好地为社会公众提供更多更好的公共服务，造福更多百姓。

（二）事业单位财务管理存在的问题及原因分析

1. 管理体制不健全

财务管理体制结构不完善是目前我国行政事业单位财务管理效果不佳的关键因素。不少行政事业单位甚至将财务管理制度与其日常的管理制度混为一谈。部分地方基层的行政事业单位部门虽然已经建立了财务管理制度，但是其着重点仍然放在行政资金及资产流动管理等方面，对于行政事业单位整体财政管理的内容却非常少。根据相关调查评估的显示，在我国，全年只有不到50％的行政事业单位能够完整地对单位内部财务信息审计情况进行真实的披露，而其中不少行政事业单位对于关系行政事业运营管理方面的财务缺陷信息的披露却缺乏主动性。

此外，不少行政事业单位的财务管理体系过于关注对单位内部流动资金的控制，而对行政事业单位财政预算、固定资产管理效果等方面的控制却比较少。导致这一问题的主要原因是目前我国行政事业单位内部缺乏针对财务状况核算审计的主动性和积极性。部分行政事业单位的相关财务人员对相关的财务政策了解不够透彻，导致财务报告以及单位财务管理的运行流程等出现各种疏漏，进而影响行政事业单位财务报表中多个财务审计科目的准确性。

2. 预算管理缺乏必要的控制

（1）预算科目缺少统一分类

预算科目是国家预算收支项目的总分类与明细分类，是国家预算收入和支出项目分类的统称。其可以分为收入和支出科目两部分，在各个部分，设置"类""款""项""目"4级，它们之间的关系是前者对后者进行概括和汇总，前者具体化为后者。"类"是"款"级预算科目的集合。如"工商税收类"是类级科目，"增值税""消费税"等是"款"级科目，则前者是后者的汇总。同理，款级科目是项级科目的汇总，项级科目是目级科目的集合，预算科目的总分类从"款"级预算科目开始，因此，款级科目也被称为一级预算科目。"款"级科目的明细分类是"项"级预算科目，也被称为二级预算科目。一般按税种等各项收入的名称设定预算收入科目，税务机关代表国家征税，因此由税务机关征收的各项收入均属于预算收入，各级国家、地方税务机关在征税时，都必须按照各种税款所对应的预算科目入库。预算支出科目主要是中央和地方政府安排的各项事务性支出，包括支出经济分类和支出功能分类。行政事业单位在执行预算时，由于缺少统一的分门别类，科目分类不够细，引起财务核算不规范，预算执行效率低，从而进一步会影响单位内部财务管理的统一规范，容易造成混乱。

（2）预算编制不严密

预算编制是执行预算的基础，同时也是行政事业单位从事各类业务活动的出发点，所以，行政事业单位的预算编制应该是一项认真、严密、容不得半点马虎的工作。但是，可以说我国大多数行政事业单位的预算编制还存在很多问题，具体来说，一是预算编制程序存在不合理，没有形成体系，预算的编制不能客观反映单位实际情况，也很难保证预算编制标准的统一性。二是预算编制的可信性差，很多单位还没有充分认识到预算的重要性，所以不会给预算员充分的时间去核查预算的可行性，使得项目预算的各项指标得不到充分的认证，导致预算编制在源头就没有可靠性，根本起不到应有的监督作用。很多单位内部财经法纪意识淡薄，会计人员水平参差不齐，引起会计信息质量低下，会计信息失真，预算员在编制预算时本身就无法使用真实有效的数据，自然预算编制就会出现不完整、不合理的现象。三是预算编制内容不够细化，依照相关规定表明，各单位收支以及之前年度的各项结余都应全面体现在预算编制中，但是很多行政事业单位并没有做到这一点。例如：有些行政事业单位为了避免在第二年部门预算时将结余资金纳入预算管理，便利用往来款项转移预算结余；还有就是将拨付的专项资金计入往来科目中，另作他用；有些单位编制预算时未将所有的下属单位以及一些国有资产有偿使用收入包含在内。四是资金预算编制粗放，为了给有资金分配权的部门保留自主调剂资金的空间，有些行政事业单位在预算编制中故意隐匿项目具体使用单位以及所需资金的数量。这样一来，在二次分配的过程中便会出现资金截留、资金挪用的现象，未能达到资金效益的最大化。由于资金流向的不明确，也使得财政监督部门的监督工作难以到位。五是预算编制方法不科学，预算改革虽然在"基数增长"模式下提出了以零基预算为基础，逐步实行国库集中收付，但是受人为因素影响比较大，需要做大量的核实确认工作，相关工作无法保证，实际上很多行政事业单位还是延续了传统的方法。并且很多单位为了更大限度地争取资金，往往会出现超标编制预算，拿着资金找项目，出现虚设项目、多申报少使用的现象，从而产生资金差额，导致结余。六是合理的定额标准体系有待确立，例如：部分行政事业单位假借因公出差，实为公费旅游；再有公车私用等，这些现象都会导致实际支出普遍高于预算编制标准。如果按章执行，往来招待费用按照单位公务费用的2%编制，显然已不能满足。很多行政单位为了弥补这些数据，往往就会占用其他项目的支出，造成核算不符的事实。

（3）预算管理缺乏必要的控制

预算管理缺乏控制是行政事业单位普遍存在的问题，存在于财务预算的全过程，影响财务预算体系的编制、执行以及核算工作。主要表现如下。

①预算编制没有建立在客观的基础上。预算编制办法很多，但各种编制法都应该根据单位现状，考虑内外部环境的变化，运用一定的预测手段进行科学预测，在正确决策后，通过计算来确定预算中的各个指标。也就是说，编制预算时确定的数字一定要根据现有的实际和预测数据客观计算确定，绝对不能是随意、主观的。但不少行政事业单位在编制预算、确定数据时，使用过于简单的方法来粗略估计预算数，根本没考虑剔除其中不合理的、不经济的因素，或随意地运用增量或减量预算来确定预算数。很多行政事业单位仅仅以历史数据为基础，不考虑未来情况，这样编制出来的预算缺乏可靠性，要不预算过高难以完成，要不预算过低难以发挥应有的作用。

②激励机制不够。行政事业单位预算是把行政事业单位全部活动过程与结果以数据和表格的形式反映出来的正式文件，预算完成得好对单位领导班子来讲是成绩，但对于单位全体职工，就需要更多的付出，更多的付出就应该得到更多的物质和精神鼓励，只有这样做，付出才会长久，这样的管理才会有效。但是许多行政事业单位在进行预算管理时没有重视建立健全相应的激励机制，这就很难调动职工的积极性。

③控制制度缺乏。很多行政事业单位往往对预算控制制度不够重视，不会专门去制定，就算有的话，也是陈旧的不合时宜的，如果没有一个有效的、与时俱进的预算控制制度，取得良好的预算管理效果几乎是不可能的。

④预算编制的参与程度低。很多行政事业单位只有财务部门参与预算编制，并不充分征求其他部门意见，对其他部门的实际情况没有充分的考虑，凭感觉和印象编制，从而引起预算编制方案与单位其他部门的实际情况存在较大的偏差。另外，由于行政事业单位在规范化的管理制度措施上还很缺乏，导致在执行预算时，各部门经常会出现多报多用、少报补报以及挪用预算的情况，这也使得预算编制方案与实际情况有较大出入，给单位内部的财务风险管理带来了混乱。

3. 核算工作不严谨

评价一个行政事业单位的财务管理工作，很重要的一个参考标准就是会计核算水平的高低。我国现在很多行政事业单位的会计核算水平较低，会计核算工作较为混乱，在财务风险的管理上很弱，无法抵挡外部环境带来的风险。主要表现在：

①对支付票据的审核不严，会计资料缺乏真实性，特别是对原始凭证审核把关不严。一是发票内容与应使用的发票不符；二是自制、外购收据或白条；三是发票的支出项目写得不清楚明白，费用明细经常也不附；四是支出票据批报手续不全。原始单据常常只有填单人，无经手人或证明人，还有一种情况就是原始单据只有经手人，没有批报人。

②资金管理不合规，特别是大额现金支付审核管理存在缺陷。一是往往采取个人借款形式，提现金，挂"暂付款"科目核算，然后用现金拨付给下属单位；二是行政事业单位存在用现金支付大额票据现象，在审计实践中，经常发现一些行政事业单位在支出业务活动中大部分都是用现金支出，很少使用转账支票支付，此种行为违背了行政事业单位现金管理办法的相关规定，同样也给本单位带来了财务风险隐患。

③现金账存在期末余额大的问题。在审计中经常发现很多行政事业单位白条冲抵、费用不及时记账的情况，此种情况既违规不安全，同时也有可能给本单位带来风险隐忧。

④坐支现金问题严重。在审计实践中，不少单位为了图省事，将现金

直接用于各项费用支出周转。

⑤公款私存。一是将税费私存。为便于使用，有些基层单位将收取的税费存于个人账号中。二是私存工程款。故意拖欠银行贷款、利息，把工程项目资金存入个人账号中来避免银行扣缴贷款。

⑥对非税收入、上缴财政专户资金管理不到位。一是非法取得非税收入。存在违反相关法律法规自行收费、罚款或故意模糊不同性质的非税收入概念。二是对非税收入擅作主张减免。有些地方政府或单位为了吸引外商来本地投资，违规给入户企业以各项优惠政策，通常存在通过以缓代免、先征后返的形式来变相减免非税收入，有的甚至干脆不征收，尤其在土地规费征收方面显得尤为突出。随着部门预算、国库集中收付等制度的推行，很多单位产生了过分依赖财政资金的想法，部分行政事业单位缺乏收费积极性，随意随性地审批行政事业性收费缓、减、免事项，对非税收入的征收力度也不够大，不能严格按照规定标准或时间节点收取，造成不少非税收入的白白流失。三是未按照规定将非税收入纳入预算或有关财政专户管理。例如：违规滞留应上缴的非税收入、坐支非税收入，收取的租金等非税收入不上缴或不足额及时上缴财政专户而直接用于其他支出，同时，在罚没物资及暂扣款、暂扣物品等的规范管理上也存在着很大缺陷。

从收入角度来看，行政事业单位的收入种类多样，在核算上也比较混乱。例如："坐支"情况，一些政府部门为了避开财政部门监管，将支出票据直接在应支付其他相关费用的单位报销；将租金收入直接计入往来科目，以个人名义存入银行或隐藏在内部食堂、工会等账上，用于单位干部职工的额外福利发放、业务招待等其他支出；将有关收入直接冲减费用或支出，形成"小金库"；将收取的有关手续费直接用于其他支出，不进账内核算。以上都影响了单位的各项收支的可靠性，逃避监督检查，使国有资产的安全性变得不稳定。从固定资产角度看，有不少单位固定资产的增加和减少不按照规定的账务办理程序走，制度不健全，账实不符的情况大量存在。例如：按照规定，购置固定资产过程中发生的差旅费不应计入固定资产价值，但有些单位却不注意等等。从往来资金管理角度来看，有些行政事业单位会出现资金的截留、挪用等现象。例如专项资金的专款专用，有些单位就将上级部门拨付的专项资金计入往来科目中，使得应该拨付项目单位未及时拨付，而是另作他用；有的单位将不便支出的费用通过往来账转入本单位职工食堂或下属单位列支；有的单位通过往来账将单位公款出借给个人或企业；有的行政事业单位为了避免第二年部门预算时将结余资金纳入预算管理中，便利用往来款项转移预算结余；有的单位公务借款长期不报账、不结算，引起当期资产虚增、支出少列；有些单位的公务借款人员不及时报账冲减借款，引起单位虚增资产，支出少计，使会计报表不能如实反映单位真实财务状况。

4. 内部控制不健全

内部控制制度作为现代管理理论不可或缺的组成部分，同样也适用于行政事业单位，该制度是为了达到信息质量真实可靠，资产安全，管理效率提高的目的，促进相关法律法规能够得到有效遵循而由单位全体领导和职工共同监督实施的一个制衡有效的管理规范。内部控制得好不好直接影响行政事业单位的工作效率和社会效益。从现阶段看，我国各行政事业单位的内部控制制度还很薄弱，存在着诸多问题，给财务信息的真实性及财政资金的安全性带来了内部隐患。

（1）内部控制意识淡薄

良好的内部控制观念是内部控制规范得到有效运行的基本前提，是确保单位内部控制得以健全实施的重要保证。但目前很多行政事业单位领导和职工对内部控制制度规范的重要性的认识还不够，内控意识弱，重发展、轻控制，对内部控制常识缺乏了解，甚至把它看成仅是财务部门的事情，与自己没有关系，认为反正有财政部门把关，以无所谓的态度对待，导致很多单位的内部控制制度环境薄弱，内控意识相对淡薄。

（2）内部控制制度不健全

不少行政事业单位根本就没有一套完整的内部控制制度，有些单位虽然制定了一系列内控制度，但只是一纸空文，用来应付上级检查，对制度的执行过程和效果缺少监督，导致有章不循、违章不究，未能发挥制度应有的作用。不少行政事业单位内部控制制度不够全面，没有覆盖到单位业务活动发生的各个岗位及业务环节，少数单位甚至会出现会计、出纳、资产管理等职能由一个人担任的情况，违背不相容岗位相分离原则，有的岗位虽然分开设置，但在实际中并没有严格执行，所以经常会出现单位出纳会计挪用贪污公款很长时间没有被发现的情况。

（3）信息沟通和衔接不到位

行政事业单位实行会计集中核算后，虽然会计核算和监督交由会计核算中心集中办理，但会计主体与核算部门不是同一部门，两者沟通衔接不畅，容易造成账物分离的资产管理现况，导致会计核算中心管账不管物、核算单位管物不管账、账物不符等诸多问题，使单位内部控制制度的有效实施打了折扣。

（4）内部控制管理人员不具备应有的基本素养

根据我国《会计法》规定，会计人员要持会计从业资格证书上岗；担任行政事业单位会计机构负责人的，除持有会计从业资格证书外，还须具备会计师以上专业技术职务资格或具有从事会计工作3年以上的经历。但是，现阶段不少行政事业单位的财务人员都不具备应有的岗位资格，而且业务素质较低，对违反财经法规特别是领导有关违法违纪的行为缺乏辨别和抵制能力，宁愿违规不愿违背领导，造成单位内部控制制度缺乏执行力，内控效果差。再加上管理人员竞争意识差，缺乏创新精神，难以满足履行内部控制和监督的要求。

（5）外部监督和内部审计对单位内部控制的监督检查缺位

作为行政事业单位主要外部监督者的财政审计部门，大多注重对单位财政资金运用的合法、合规性实行监督，很少对被审计单位是否建立高效的内部控制制度以及有效执行加以实质性检查。外部监督的缺位，导致行政事业单位内部控制制度的完善失去外部推动力和约束机制。对于内部监督，虽然有些行政事业单位有自己的内部审计部门，但基本没有独立性，一般都与财务部门合并，不能独立履行监督职能，或仅停留于对一般业务活动的监督上，对被审计单位的内部控制制度健全与否缺少有效的监督评价，从而影响了行政事业单位内部控制制度的健全与完善。

（6）资产状况缺乏有效控制

当前由于一些行政事业单位对内部管理制度缺乏有效的落实，财务部门通常只能起到记账会计的作用，对业务活动的来龙去脉，对本单位涉及资产的决策、实施过程和结果都不清楚。造成行政事业单位大量存在账外资产、有账无物的现象，单位内部资产转移、变更缺少相对应的手续，不能够严格执行财产盘点制度等问题也是造成搞不清资产状况的原因。资产不实导致财政预算信息不可靠，进而造成行政事业单位预算弹性过大难以控制的严重局面。

5. 固定资产管理不规范

当前，不少行政事业单位对本单位固定资产的存流量管控不严，存在重视购建、轻视后期管理的情况，固定资产的使用、维护、出租、出借、调拨、报废等管理不够规范，固定资产的使用效率低下，容易造成国有资产的流失和浪费。体现如下。

①固定资产核算不够准确。一是没有建立固定资产分类账（包括总账和明细账）；二是没有进行或没有及时进行固定资产的核算；三是主管部门对下属单位的固定资产管理不够重视。

②不严格执行固定资产定期盘点制度。很多行政事业单位执行固定资产定期盘点制度不到位，对已报废的、已捐赠等的固定资产未定期核实注销，因而造成账实不相符，不能真实地反映固定资产的结存情况。

③缺少固定资产管理办法。对于很多行政事业单位来说，在固定资产管理上所暴露的问题可以说是较为严重的，特别是在对实物资产的管理使用上，其自身基础还较为薄弱。很多行政事业单位对资产的管理随意性很大，很混乱，既没有明确的保管制度，固定资产的验收、保管和维护规定也是一纸空文，闲置的固定资产也很难调剂使用。例如，在固定资产的购入工作上，部分行政事业单位往往是盲目地决策或者一个人说了算。行政事业单位并不会像企业一样提前做好可行性和合理性的研究工作，进而造成固定资产在购建后，不能很好地发挥出其拥有的作用。在对固定资产进行管理上，很多行政事业单位根本就没有意识去加强管理，在管理上缺位现象尤为明显。再者，对于报废毁损、变更用途或者已当废品变卖的固定资产，部分行政事业单位没有及时在相应账目中登记，进而导致固定资产莫名其妙丢失，加大单位财务风险发生的可能性。

6. 其他问题

（1）用财政性资金进行政府采购中存在的问题

政府采购制度从本质上说是现代市场经济发展的产物之一，是政府大力运用经济和法律手段来干预国民经济活动以弥补市场缺陷的重要形式之一。我国全面推广政府采购虽然时间长，但成绩还是比较明显的，其优点也充分体现出来了，具体表现为财政资金的节约；有利于廉政建设，可以有效地减少暗箱操作等不合规行为。同时，我们也要清醒地认识到，我国的政府采购工作在实施中，不可避免地出现一些问题，如采购规模、范围小，部门领导采购意识不强，政府采购机构设置不科学，政府采购形式不规范等。一直以来，我国绝大部分行政事业单位在采购商品和服务时用的都是分散采购的办法，随意和盲目地使用财政资金，造成了财政资金不必要的浪费和使用效益低下，大大加大了单位的财务风险。为了改变以上列举的一些不良现状，我国政府首先在上海开展了试点工作，将上海市的一些行政事业单位涉及大额财政拨款的设备和劳务购置集中由财政部门统一采购，通过有效规划，防止了盲目采购、重复采购等现象的发生。通过试点工作的指导，政府采购在基本制度、采购体制、形式、程序、资金管理、监督检查机制等方面形成了一套比较完整的体系，促使我国政府采购进入了全面推进和实行阶段。但就当前来看，我国行政事业单位在政府采购中还存在着一些突出问题，主要表现如下。

①很多行政事业单位依法采购意识不强。一些行政事业采购单位受限于习惯思维，缺乏正确的财政支出理念，不会主动申请政府采购，在大额采购中存在"先办理后申报"等变相规避行为。从而出现了不经政府采购管理部门审批就擅自采购，事后再向财政采购管理部门补办手续的行为；有些行政事业采购单位过于强调项目特殊和时间的紧迫性，对政府采购不配合，事先不申请，想尽一切办法不按照规定的采购方式和程序办理。尤其是乡镇等基层单位普遍存在违反采购规定的现象。

②政府采购事先没有准备好计划，单笔采购金额规模小，采购项目零散，大大影响了政府采购的效率和效益。很多县级财政仅够温饱而已，难以在当年安排采购预算，确需购置固定资产也大多是把旧的固定资产卖掉，用所得来购买新的；或者当年单独向财政申请追加采购资金，行政事业采购单位自行编制采购预算，临时采购、即审即购问题十分严重，给采购工作带来自主和随意性，从而直接影响了采购效率，难以发挥政府采购的规模效益优势。

③纳入政府采购目录范围偏窄。尽管政府公布的采购目录范围明确了

政府采购的基本内容，但这些内容并没有完全纳入政府采购范围。例如：县级采购规模小，政府采购主要还是局限于财政专项资金拨款购置的办公设备、车辆、少数工程和房屋修缮等采购限额以上的一些操作简便、普通大众化的产品上，而对不是标准化的产品、采购金额限额以下的货物工程及劳务等，仍未完全落实政府采购相关规定，这使得政府采购的作用难以充分体现出来。

④缺乏内行的采购专业人才，不能保证评审质量和公正原则。政府采购是一项专业性很强的工作，政府采购不仅关系到经济、法律层面，同时也与商品和劳务的性能等有关。在社会主义市场经济条件下，市场正向买方市场过渡，政府采购要求采购人员掌握相关招投标、合同、商务谈判、市场调查、财务、法律等方面的知识技能，但当前政府采购特别是县级政府采购由于人力资源匮乏，还不能按照政府采购法的这些规定按部就班地去操作。政府难以建立评审专家库，采购专业人才相对匮乏，缺少大量精通采购法的采购管理干部、机关采购招投标人员等，大大阻碍了政府采购制度的全面实施。

⑤我国政府采购制度的推行受传统计划经济体制的影响较深。我国的政府采购工作起步晚，经验不足，完全照搬国外模式也不可行。在改革开放前，我国一直实行的是传统计划经济体制，各行政事业单位的商品和劳务的采购行为一直是在总体计划控制下的零散的个体行为，即：由财政部门按年根据预算和各行政事业单位用款情况层层下拨经费，各支出单位只能在不超出经费的范围内，严格根据需要购买。但在我国实行社会主义市场经济体制后，这种政府计划采购行为与改革环境不相适应，突出表现在：一是各行政事业单位的采购自主权明显扩大，政府采购涉及的范围更加宽泛；二是适应社会主义市场经济体制的行政事业单位各项支出管理制度没有同步建立，财政资金使用的监督管理机制不到位，在实践中不可避免地造成一系列的问题和矛盾。

（2）各级政府及有关事业单位债务引起的潜在财务风险较大

①政府债务偿还过度依赖土地出让收入。以H省为例，全省各级政府截止到2019年底负有偿还责任的债务中，承诺以土地出让收入来偿债的债务余额为2739.4亿元，占比高达66.3%，高于全国平均水平29%。2020年，

以土地出让金为主的H政府性基金收入相对公共财政收入甚至出现"倒挂"现象，高于公共财政收入643.7亿元。

②部分地区政府及行政事业单位偿债风险很高。以L省为例，截止到2019年底，全省共有2个设区市、18个（县级）市区县、97个乡镇政府负有偿债责任，而且债务率普遍超过100%。其中6个（县级）市区县、29个乡镇2019年借新债换旧债率超过20%。

③部分地区政府及行政事业单位间接担保债务有很大的不确定性。当前，中央和省级政府关注的焦点还是主要集中在负有偿还责任的债务部分，债务警戒线也大体按此划定。但政府及行政事业单位负有担保责任和可能承担一定救助责任的间接债务规模不容忽视，是吊悬在地方政府及相关行政事业单位上的"达摩克利斯之剑"，万一出现系统性金融风险，可能会造成不可估量的影响和损失。

（3）财务工作创新管理意识不强

部分单位财务负责人自身业务素质尚可，但管理整个部门财务工作能力欠佳，缺乏创新管理意识，没有针对本单位实际，制定切实可行的财务管理举措，致使单位整体财务工作质量不高，精细化水平低下，单位账目经不起审计、纪检、财政等部门查证，屡次检查屡次出现大量违规、违纪现象。

（4）财务人员专业能力不足

基层行政单位财务管理活动的有效开展也需要得到高素质人才的支撑。目前各单位虽然已经开始重视高素质财务管理人员的重要价值，但是当前在职的财务人员在专业能力方面依然存在较多欠缺。特别是各单位在全面深化改革的背景下，财务管理活动也会融入较多新元素，使得具体管理内容变得更加复杂，要求财务管理人员可以熟练掌握新型财务分析技能，给单位的内部管理决策提供较好的数据支撑。而财务管理人员专业能力的欠缺也对单位财务管理活动的高效进行带来了较为显著的负面影响，需要在后续时间里引起充分重视。

二、创新路径

（一）加强预算管理

1. 提高财务管理的预测性与计划性

目前，我国行政事业单位的财务预算工作正处于改革的阶段，对很多层面的构想与设计工作还待完善。而在这一阶段，行政事业单位要做好国库集中支付制度建设工作，在单位内部构建一个合理与科学的部门预算体系。而财务主管部门在进行财务预算工作时，一定要对单位进行深入的调查工作，在充分听取各部门实际要求的前提下，根据调查结果给予核对，然后再得出一份符合单位内部实际情况的财务预算方案。另外，对于针对性较强与必须强化的费用与项目，财务部门可以进行单独的立项工作，然后逐级分项预算，进而在单位内部逐级提高预算编制的控制与管理。例如，对于小车费用、办公费以及易耗品等，在符合单位实际情况的前提下，可以分项管理，把责任细化或委托到个人身上。

2. 统一单位预算编制

所有部门的预算编制由本部门进行编写，相关部门充分配合，再由财政部门审核，最后由同级人大审批。在预算编制过程中，要将所有收支都纳入预算范围内，经审定后才能下达批复预算。

3. 设立动态预算数据库

由于涉及的人员编制、工资、资产以及债务等都是动态变化的，为了使得预算依据的数据更加及时有效，行政事业单位要建立起动态的数据库，可以通过后台操作对相关的基本数据和项目数据进行修改。例如涉及的一些基本数据为了满足数据要求可以设定半年更新一次，而对于一些当年专项项目资金和工作重点安排的项目数据可以设定一年一更新。

4. 强调预算编制的完整性

行政事业单位预算执行的客体就是资金，核心就在于资金的活动。因此，行政事业单位要将所有收支都纳入预算中，按照"一个单位一本完整预算的要求"来编制预算，强调预算编制的完整性，不得设置账外账和私设小金库。

5. 严格规范预算执行，强化预算责任

预算支出分为基本支出和项目支出，对于基本支出包括的日常公用支出和人员经费支出要落实到项，避免"其他支出"中出现超预算、超标准支出的现象；对于项目支出要严格按项目支出预算进行控制，将支出落实到账，不得虚设、多申报少使用。对于预算执行有严重偏差，而责任又属于部门本身的情况，可以直接追究到部门的负责人身上。通过预算执行责任的落实和追究，真正地做好预算的执行工作，避免谎报预算、恶意多报以及擅自挪用等现象的出现，确保严格按照预算来执行。

6. 按照新《预算法》的要求开展全过程预算绩效管理

新《预算法》的一大特点就是强调预算的绩效管理，并要求将绩效管理贯穿预算活动的全过程，包括预算编制、执行和考核等环节。根据新《预算法》的要求，行政事业单位也要实施全过程的预算绩效管理，主要实施要点如下：在预算编制环节，行政事业单位要围绕三定方案和事业发展计划明确政府和预算部门的绩效依据，并以此为基础加强预算绩效目标编制管理，同时突出绩效导向实施科学民主决策；在预算执行和控制环节，行政事业单位在加强部门预算，执行管理的同时，按照绩效责任与预算执行权相配的原则，适度增加预算绩效责任部门的预算执行自主权，提高预算管理的灵活性；在预算支出绩效评价环节，行政事业单位应着重完善绩效评价指标体系和工作机制。在完善的过程中，应把握以下四个要点：一是围绕绩效目标开展绩效评价。二是突出对效率和效益的绩效评价，对于财务指标和制度保障类指标可以适度简化，并降低其比重。三是分层、分类制定绩效评价指标，具体而言，一方面要区分基本支出预算、项目预算和部门预算来分别制定和完善绩效评价指标体系；另一方面是要区分政府机关和事业单位，政府机关考评应根据三定方案看其使用的经费是否履行相应行政管理职责。四是要进一步明确财政部门、预算部门和预算单位的绩效评价工作职责，强化对中介机构的指导，加强绩效评价与审计工作之间的信息共享，设计和完善由个体绩效评价提升到综合绩效评价的机制和方案。另外，行政事业单位还要进一步加强绩效评价结果的反馈与运用，通过绩效评价来促进预算水平的提高，并推行绩效奖惩和问责制度，强化绩效责任的落实。

7. 加强对下属单位预算及财务收支的管理

新《预算法》明确指出上级单位不得对下级预算收支单位下达指标，但是作为上级单位要做好管理监督和指导，指导下属单位在保障自身发展运行的同时，也要朝着既定的目标前行。对下属单位定期进行检查，严肃处理那些不执行预算或随意调整预算的行为，以保证下属单位提交的数据更有公信度。在针对下属单位预算收支执行情况进行分析时发现的问题，要在第一时间予以整改，调整执行方案。

（二）强化内部控制

行政事业单位的内部控制就是行政事业单位为了保护单位的资产安全，提高相关会计信息质量，确保单位遵守财经及会计法律法规不走样，以达到提高工作效率和社会效益的目的，是行政事业单位进行内部财务管理和控制的重要手段。自2000年实行会计集中核算，我国大多数行政事业单位已纳入集中核算，在加强财务监督、提高财政性资金使用效率、规范会计核算等层面取得较好的效果。但实行集中核算与完善内部控制工作不能画等号，相当一部分行政事业单位不重视单位内部控制工作，认为那是企业的事，行政事业单位不需要关注，对于行政经费支出尤其是招待费、会议费等缺乏管控，对于固定资产的使用、保管、报废等随意性很大，甚至有相关经办、财务人员贪污、挪用公款等问题出现。所以，行政事业单位内部控制这个课题仍然要继续下去，可以在提高内控意识、完善制度内控建设、加强内控队伍建设、完善技术手段应用等层面下力气。

1. 创造良好的内部控制环境，提高行政事业单位领导和职工的内部控制意识

一是通过财政、人事等部门定期举办行政事业单位内部控制专题培训班，提高行政事业单位领导特别是"一把手"和职工对单位内部控制重要性的认识，让单位"一把手"树立对本单位财务会计报告的真实完整、内部控制制度的健全完善和有效实施负主要责任的自觉意识，取得他们对内部控制的理解和支持；二是单位领导要以身作则给下属当好表率，坚决不做违背行政事业单位内部控制规范的事情，让内部控制深入人心。

2. 建立健全行政事业单位内部控制制度并保证实施

《会计法》和《行政事业单位内部控制规范》有专款规定：国家机关、社会团体和企事业单位必须健全内部控制制度，以确保会计信息的真实可靠和国家财产的安全稳定。结合行政事业单位内部控制工作实际情况，应做到：一是坚持和完善国库集中支付制度。规范资金管理，将资金直接支付到商品和劳务供应者或用款单位，使得资金使用单位可以使用资金但是见不到资金，维护单位预算的严肃性和约束力。二是行政事业单位不能用笼统的预算编制作为糊涂账的隐身衣，要找准控制不到位的工作环节，明确内控重点，把单位预算编制与执行、资金收入与费用支出、经费审批等环节工作作为自控的重点，建立合理的组织结构，确认相关职能关系，划分部门责任权限，建立授权和分配责任的办法，做到因岗设人，授权清晰、责任到位、权责对等，决不能有因人设岗、不相容岗位由一人担任等情况出现。建立健全相关授权批准控制制度和职务分离控制制度，对于一个具体业务，不能由一个部门或一个人完成其全过程，必须有其他部门或其他人员共同参与，而且能够主动地核查前面已完成工作的正确性。三是政府财政部门应当依据各行政事业单位部门预算的要求，不断完善符合行政事业单位实际情况的内部管理控制制度，应建立起预算编制、执行、决算的全过程监管体系，发挥财政部门在行政事业单位内部财务管理中应有的作用，同时，应当加快推动行政事业单位内部财务管理工作的改革。四是完善制度制订与执行过程，不仅要使制订的行政事业单位内部控制规范制度合理，而且也要具备操作性，还要强化行政事业单位内控制度执行过程中的监督核查，建立一系列切实可行的内部控制制度，并与会计集中核算相协调沟通，避免行政事业单位内控制度规范成为一纸空文，确保内控制度规范能够得到有效执行，从而尽可能地发挥内控制度规范的功能。

3. 加强行政事业单位内部控制队伍建设

行政事业单位内部控制工作人员的素质决定了内部控制的成败，可以说是最关键因素所在。有了一个好的内控制度体系，但没有一支好的工作队伍去实施执行，那仍是纸上谈兵。行政事业单位要想建立一支严谨的内部控制队伍，需做到：一是建立健全行政事业单位内部控制工作人员选拔、聘用机制，严格选拔程序，要求内控工作人员具备较高水平的会计核算能力、财务管理能力、法治观念和崇高的职业道德。二是完善岗位责任制，要做到分工明确、责任到位，明确个人的责任与权限，做到不越权不限权；同时还要表明奖惩制度。三是建立长期有效的教育制度，随着制度的不断更新改进，内部控制人员的相关业务知识也要有所跟进，要定期给工作人员开展业务培训，帮助他们掌握最新的专业知识技能，提高管理和业务素养，同时，还要不断开展职业道德教育，增强行政事业单位内部控制工作人员的职业道德修养，增强他们对此项工作的认同感和责任心，端正工作态度，正确行使职责权利。四是建立科学的考核激励办法，形成长效机制，定期对行政事业单位内部控制工作人员进行考核，并实行奖惩，调动他们工作的主观能动性，充分发挥监督职能，实时发现并纠正行政事业单位内部财务管理工作出现及潜在的错误和偏差，查实报告存在的舞弊造假，确保行政事业单位内部控制工作健康、有序、高效地开展。

4. 不断更新行政事业单位内部控制管理的技术手段应用

当前，我国行政事业单位基本上实现了会计电算化，应该说，高度有效的会计电算化系统是行政事业单位所必需的。但很多行政事业单位仅将其应用于日常会计核算，财务管理工作等还是局限于传统手段，远不能满足行政事业单位对内部控制的需要。应当不断拓宽和提高会计电算化的应用范围和水平：一是充分发挥会计电算化对行政事业单位财务管理的全过程监督，利用信息化手段来细化内部控制措施。二是加强对行政事业单位会计信息的实时监控与分析，迅速发现并纠正财务会计核算中的差错，这样能大大地提高会计信息处理速度，减少舞弊差错的发生，从而促使行政事业单位内部控制更加规范、有效。三是要给予行政事业单位电算化内部控制工作足够的重视，电算化所需的软硬件要及时更新，跟上形势需要。要及时对行政事业单位电算化内部控制机制的软硬件进行更新和完善，保证工作质量的高效性，还得确保数据的安全性。四是借鉴国际先进经验并采用现代科技手段，逐步健全行政事业单位内部财务风险的监控、评价和预警系统，预测分析所有可能出现的风险，以最大限度地降低财务风险。五是创新行政事业单位电算化内部控制的技术手段，建立电算化内部控制机制，最重要的是还得有强硬的技术手段确保电子信息安全。通过创新防御设备全面推进软硬件的建设和研发，避免来自系统外的侵入和篡改，使得后台瘫痪抑或是数据产生不真实性。六是采用信息化手段做好会计档案的管理,借助电算化技术建立会计档案数据库,实现会计档案的数字化。

5. 加强对单位预算的控制

新《预算法》出台后,对行政事业单位预算的控制也有的新要求。一是行政事业单位在编制预算时,要在参考财政预算的基础上,争取做到零基和细化预算,尤其是在编制行政事业单位支出预算时,应从单位当年需要出发,考虑当年财力状况,再核定具体支出额度大小,明确各项支出的用途,专项资金需要细化到具体项目。二是行政事业单位在执行预算时,应当强化预算的刚性约束。应在支付环节强化预算执行,避免追加预算、超预算、扩大预算范围等现象的出现。三是建立规范的预算调节机制,赋予财政部门和行政事业单位主管单位一定的预算调节权力,使行政事业预算单位在实际情况发生变化时,能够快捷、简便、高效地调整预算。

6. 加强对行政事业单位债权债务的控制

定期对行政事业单位债权债务清理核查,特别是要对跨年的应收款项加大催收力度,及时回收以前的单位往来款项和个人借款,尽量避免和减少国有资产流失。行政事业单位相关坏账损失须经严格程序层层审批核定,要消除由于行政事业单位内部财务管理不规范而导致的不合规收支行为引起的往来款项挂账。

7. 加强行政事业单位资产保全管控

行政事业单位应当严格遵守国家财经法规规定,按照核准现金开支范围,核定日库存现金;签发支票填写须与发票、入库单、订单等单据核对无误;印章分别交由专人保管,避免和减少资金被挪用。行政事业单位实物资产要切实做好产权登记工作,最大限度控制资产流失。

8. 强化会计相关基础工作,优化会计人员素质

一是要审查会计人员从业资格,做到没有会计从业资格证书的人员一律不得从事会计工作,并严格执行《会计法》及相关财经法规对于会计从业人员的要求,强化培训和考核。二是要抓好会计人员继续教育工作不松懈,不断丰富和拓展会计人员的业务知识和技能,注重行政事业单位财务文化的培养和会计职业道德的建设。

9. 加强财政与审计部门的合作，严格监督检查

财政部门是行政事业单位会计与内部控制工作的主要相关部门，应当定期或不定期对行政事业单位内部控制制度的建立和执行进行监督核查，发现问题和漏洞，第一时间纠正和整改，从而改变行政事业单位内部会计控制制度有却无法落实的局面。在监督检查中，应着重于做好对行政事业单位内部控制制度的适应性测试，帮助行政事业单位建立健全现有制度，从而督促单位内部控制制度的执行，将行政事业单位的内控制度建设作为改善行政事业单位财务管理工作的重要内容。

10. 建立行政事业单位内控制度的考核评价体系，有责必究

对部分行政事业单位领导不按照相关规定随意任用会计人员或因个人因素引起内部控制失效的情况要坚决予以追责。只有坚持客观公正地考核评价和奖惩，才能激励涉及内部控制制度的相关部门及人员不折不扣地做好行政事业单位内部控制工作。

（三）构建财务管理保障体系

1. 制度管理体系

制度本身是一种规范和约束，发挥提高组织效率，保障组织正常运营的重要作用。财务管理信息化的构建对于事业单位来说是一场重要的变革，财务处的组织结构、业务流程都会发生根本性的改变。所以优化制度管理体系是保障这种改变顺利进行的基本要求。首先要梳理事业单位现有制度规范，取长补短，制定出合理有效的新制度体系；制度管理体系还需要不断更新、检查，保证其时刻满足国家会计准则和财税制度以及当前事业单位财务管理的需求。除了上级部门有比较完善的财务管理制度外，事业单位还应当制定、完善自身的具体的管理制度。一切都以标准化的流程为基础，事业单位可以将制度管理体系以总体的业务流程来进行划分，将制度管理流程大致分为业务管理制度、财务管理制度、会计核算制度、内部审计制度与绩效考核制度，还包括一些必须要遵循的国家政策法规和信息化平台安全管理制度等。业务管理制度更多是指引性的制度文件，如网上报销流程须知、物资采购流程须知等，主要是为了规范职工使用信息化平台办理业务而制定的。财务管理制度主要为了规范事业单位财务工作，把预算、

收支、资金、资产等进行详细管理，甚至具体到某一项费用都有管理办法遵循，使事业单位财务工作最大限度地标准化。内部审计和考核制度的制定主要起到一个监督的作用，做到责任到人，奖惩分明，以保障财务工作顺利进行。政策类管理制度是关于国家会计准则、预算法则等具有方向指引的文件；信息化平台安全制度是为了维护网络安全，保障信息化平台平稳运行而制定的，及时化解网络安全带来的风险。

2. 质量管理体系

（1）质量管理科学方法——PDCA循环

随着事业单位财务管理信息化平台的建立，会计质量也是我们关心的重要话题，所以应该建立和实施质量管理体系，有效控制业务质量风险，提升业务处理过程的可靠性和时效性。全面质量管理是以质量为中心，所有人参与，试图通过管理方法让组织所有成员满意，进而促使工作长期成功。"PDCA循环"工作法是通过计划、执行、检查、纠正四阶段持续改进工作中的质量问题。

1）计划阶段

在此阶段我们应该运用实地调研、头脑风暴法等多种方式应对可能出现的各种问题，找出影响质量的关键因素，最重要的是确立质量目标，明确应该达到的标准，比如审核工作标准等，并给出有效对策，形成质量管理计划表。

2）执行阶段

此阶段强调采取科学的具体实施方法完成计划，达到质量管理标准，更注重制度、流程是否贯彻落实。执行阶段不仅需要制度约束，更需要运用绩效管理等手段增强人员工作的责任感，推动人员按照之前制订的计划和目标完成各自的工作。

3）检查阶段

此阶段是对执行效果进行检查，找出执行过程中存在的问题，对计划执行结果进行总结。这是"全面质量管理"的最重要环节。就业务层面而言，既可以检查会计核算工作中的凭证、账表等，还可以定期查找工作短板，不断改进；就整体财务管理工作而言，可以检查流程制度的规范性、人员效率高低以及信息安全性。

4）纠正阶段

此阶段便是处理上一阶段总结出来的问题，对照最初制定的计划解决出现的问题，梳理达成目标情况。质量问题并不容易在一个管理循环中完全解决，对于遗留问题就会转入下一个工作循环。信息化构建不是"一步到位"的工作，而是需要在实践中不断发现问题、解决问题，逐步提升质量。

（2）服务水平协议

事业单位财务工作者要时刻把握财务服务性的特点，把财务管理核心平台看作财务工厂，职能是为教职工等广大用户提供高质量的服务。对于服务质量的保证，可以借鉴集团企业财务共享服务中心的做法，与各业务部门签订服务水平协议，最大限度地满足客户的需求和期望。

服务水平协议是为了保障服务性和可靠性，服务提供商与用户间签订的双向认可协定。主要是为了明确服务提供商与用户之间的权利以及承诺，使所有职责落实到每个具体的责任身上。

服务水平协议是服务关系管理中的重要组成部分，为信息化平台的运作奠定逻辑基础。在平台运行之前，首先应该明确用户的期望值，了解用户需求，确保信息化平台提供的服务与期望值是一样的。服务水平协议可以对服务内容、水平、质量、成本以及双方权利义务等内容进行规定。比如某事业单位职工一直对单位报销制度存在意见，通过调研发现，职工一致认为单位报销难，时间持续太久，希望财务处可以提高工作效率。那么我们就可以与用户签订服务水平协议，保证报销时间和质量，同时用户也应该了解报销流程，减少不必要的错误，提高报销工作效率和质量。

3. 人员管理体系

人员管理是成功构建、实施事业单位财务管理信息化平台的重要保障。员工培训是员工管理的核心范畴，是提高员工素质的重要方法。采用差异化培训的方式，将员工培训分为共同性培训和岗位培训。共同性培训主要目的是提高工作人员的工作技能和激发工作热情，培养既懂财务又懂信息技术的人才。岗位性培训是针对每一个业务岗位进行的，主要目的是将信息化平台的操作应用通过培训的方式教给大家。在培训之前，培训者应该先对培训需求进行调研，了解人员业务处理的难点，根据调研结果确定针对性强的培训方案，目的是更迅速、更准确地提高全体财务人员的业务操作能力,为工作的顺利进行提供保障。

4. 绩效管理体系

绩效管理是用于监控和管理组织绩效的方法、准则、过程和评价体系,涉及组织运营管理的各个方面。事业单位进行财务管理信息化构建,组织结构与人员安排均发生了很大的变化,再加上目前事业单位财务部门并没有有效的绩效管理体系,工作人员缺乏工作热情,所以应该借此机会,建立起一套完整的、配套的绩效管理体系。绩效管理体系不仅包括员工工作绩效,还包括组织绩效。将二者进行结合,对员工进行评估、激励,进而引导个体目标朝着组织共同目标发展,保障信息化构建方案的顺利实施。

(1)组织绩效管理体系

组织绩效管理侧重于整体运营能力,而不局限于运营管理的某一方面。单位可以借助"平衡计分卡"从四个维度对事业单位优化后的组织进行绩效指标评价。如表3-1所示。

表3-1 整体组织绩效考核指标

指标维度	指标	计算方法
财务管理	成本费用降低率	(当期成本费用-历史同期成本费用)/历史同期成本费用
	费用预算增减率	(预算费用-实际费用)/预算费用
	员工成本率	员工成本/总成本
内部流程	扫描效率	及时扫描数量/扫描总数量
	付款处理效率	及时付款处理数量/付款总数量
	入账处理效率	及时入账处理数量/入账总数量
	审核处理效率	及时审核处理数量/审核总数量
	扫描错误率	扫描错误数量/扫描总数量
	审核处理错误率	审核处理错误数量/审核总数量
	财务处理错误率	财务处理错误数量/财务处理总数量
	付款处理错误率	付款处理错误数量/付款处理总数量
	财务报告错误率	财务报告错误数量/财务报告总数量
	资料保管丢失率	丢失资料数量/资料保管总数量

续表

指标维度	指标	计算方法
客户维度	客户投诉率	有效客户投诉数量/业务处理总数量
	咨询答复错误率	咨询答复错误数量/咨询答复总数量
	投诉处理及时率	及时处理投诉数量/投诉总数量
学习与成长维度	考勤登记率	员工考勤次数/员工应考勤次数
	培训学习参与率	培训学习员工参与人数/培训考试员工总人数
	培训考试不及格率	培训考试不及格员工数/培训考试员工总人数
	创新观点实施率	实施的创新观点数量/有效创新观点总数量
	员工适应性	灵活使用信息化平台处理业务人数/使用信息化平台总人数

根据组织绩效指标内容，设置绩效评分表，定期进行统计、分析与考核，组织绩效评价标准与考核结果如表3-2所示。

表3-2 组织绩效评价标准与考核结果

分数段	组织绩效考核结果	建议
0~60分	组织绩效较差	无法正常满足财务管理需求，包括业务处理和会计核算等，需要改进
61~80分	组织绩效一般	能满足基本业务需求，但需要逐项分析，提出可行方案
81~95分	组织绩效良好	基本满足业务需求，运营较为顺畅，遇到复杂业务处理，还需谨慎
96~100分	组织绩效优秀	组织绩效理想，通过信息化平台处理业务顺畅，各岗位业务熟练

需要注意的是，事业单位的财务管理信息化构建过程也会经历不同的发展阶段，每个阶段的目标和运营情况都不相同，所以要分别设计绩效考核指标。在构建初期，由于平台可能不够完善，需要时间进行优化，组织绩效考核指标可以适当放宽；在平台运行成熟之后，应该有严格的组织绩效考核，更加精确地反映组织绩效的真实水平。

（2）人员绩效管理体系

目前，事业单位财务处并没有完整的绩效管理体系，财务人员上下班甚至不需要打卡考勤，整体工作氛围较懒散，对个人业绩没有可实施的考核标准。而如今搭建的信息化平台好比一个"财务工厂"，进行标准化的流程工作，不能没有一套完整的绩效管理体系来激励、约束员工，所以，事业单位应该构建人员绩效管理体系，这也是保障信息化平台顺利运行的重要保障体系。

可以把事业单位财务处分为财务管理组与平台维护组，由于岗位、工作内容不同，所以绩效考核指标也不一样，要根据岗位特点确定相关指标。财务管理组岗位归纳4大类业务处理岗位：财务审核岗（初审、复审）、具体财务工作的资产管理岗和款项审核岗。同时平台维护组的平台维护岗也属于业务处理岗，一起纳入绩效管理体系。所有岗位都需要打卡考勤。当然除此之外还需要通过各项指标多角度对员工进行考核。业务处理岗绩效考核指标见表3-3。

预算管理组、账务处理组、除了平台维护岗的平台组其他岗位工作以及高校领导层，由于没有显著的工作成果输出，所以工作量不好计算，绩效评价相对困难。针对此类岗位应综合利用多种评价手段，如管理者绩效、360度评估、个案评估等方式，这需要在事业单位财务管理信息化平台运行之后根据实际情况进行调整，以保证最大限度地建立公平、公正、合理的评价体系。

表3-3 业务处理岗绩效考核指标

岗位	角度	绩效考核指标	计算方法
初审岗	工作量	日均单据审核量	月单据审核量/月工作日天数
	工作效率	平均审核周期	单据派发时间至审核完成时间/单据流转时间
	工作质量	审核差错率	月原始单据审核错误数量/月原始单据审核数量
		凭证差错率	月凭证错误数量/月生成凭证数量
	服务	表扬次数	月表扬次数
		投诉次数	月投诉次数

续表

复审岗	工作量	日均单据复核量	月单据复核量/月工作日天数
		日均凭证生成量	月生成凭证数量/月工作日天数
	工作效率	平均复核周期	单据审核时间至复核完成时间/单据流转时间
	工作质量	复核差错率	月原始单据复核错误数量/月原始单据复核数量
		凭证差错率	月凭证错误数量/月凭证复核数量
	服务	表扬次数	月表扬次数
		投诉次数	月投诉次数
资产管理岗	工作量	日均资产入（出）库量	月资产入（出）库量/月工作日天数
	工作效率	出入库处理周期	单据到达时间至出入库登记完成时间
	工作质量	出入库登记差错率	月出入库登记错误数量/月出入库登记数量
	服务	表扬次数	月表扬次数
		投诉次数	月投诉次数
款项审核岗	工作量	日均款项审核量	月款项审核量/月工作日天数
	工作效率	款项审核处理周期	审核复核至款项收支完成时间/单据流转时间
	工作质量	款项审核差错率	月错误数量/月支付数量
		凭证差错率	月凭证错误数量/月生成凭证数量
	服务	表扬次数	月表扬次数
		投诉次数	月投诉次数
平台维护岗	工作量	日均问题处理量	月平台问题处理数量/月工作日天数
	工作效率	问题解决时间	平台问题发现时间至问题解决时间
	工作质量	问题复发率	月平台问题复发次数/月平台问题解决次数
	服务	表扬次数	月表扬次数
		投诉次数	月投诉次数

5. 风险管理体系

风险是影响目标达成的不确定性。将财务共享服务理念引入高校财务管理信息化工作的确革除了传统财务管理的很多弊端，提高了整体的管控能力。但是这毕竟是一种大胆的尝试和变革，涉及组织结构调整、人员转型以及流程改造等问题，而这种尝试和变革在优化高校财务管理工作的同时，也催生了风险。

（1）组织结构调整风险

在搭建信息化平台之前，事业单位首先对财务处的组织结构进行了调整，面临的风险主要有组织结构调整不当、对业务内容变更不适应以及制度制定不合理等，应对此类风险的主要措施如下。

要争取事业单位领导层的支持和重视，需要根据财务工作的战略定位以及财务工作面临的问题，对部门协作、组织架构进行优化。领导层的支持是信息化构建顺利进行的强大动力。还要重新定义新组织结构中的角色和职责，明确端到端的流程负责人，明确相应的人员职责，建立完善的组织管理标准。

（2）人员转型风险

组织结构的变化也会使岗位安排发生重大变化，人员很容易产生抵触情绪，人员沟通难度大，同时工作内容的变化会给财务人员带来压力。若员工不能快速适应工作内容的变化，可能出现错误操作，带来操作风险，这样非但没有提高工作效率，反而会使之降低、影响信息化平台上业务的正常运转。应对此类风险的主要措施如下。

①基于新的组织结构和流程，应该制定新的岗位和职责，找出人员原来工作和新工作内容的差异，为适应新的工作内容组织学习和培训，规范人员操作，使工作人员快速融入新的工作。

②频繁而密切的沟通。应主动组织管理人员与一般员工之间加强沟通，使管理人员了解员工工作上的困难和忧虑，确保员工对未来的财务管理工作模式有清晰的认知。

③承诺与兑现。可以适当对员工做出合理的承诺，激发员工的工作热情，同时在员工达到预定的工作要求时，要进行承诺兑现，如果只承诺不兑现，就会打击员工对于组织的信任以及工作积极性。

（3）流程再造风险

财务共享服务的一大特点就是业务流程必须标准化、规范化，所以对事业单位现有的流程进行改造时，流程再造是否合理会直接影响运作效率与效果。如果流程再造不合理，新流程执行不力以及应变力不足等风险都会影响财务工作效率，造成运营成本高。应对此类风险的主要措施如下。

①获得单位领导支持。改造流程不仅改变了现有业务流程处理的思路，还增加了诸多审核控制点，在流程再造前期很容易导致财务人员产生严重的抵触情绪。此时如果单位领导支持流程再造工作，便会使员工有强大的执行能力，工作更易开展。

②进行可行性评估。在财务管理信息化构建之前，领导要对现有业务流程展开调研工作，将同质业务环节进行统一、集中处理，并结合业务流程再造方案进行可行性评估，确保再造后业务流程可以顺利开展。

③循序渐进。可以先对事业单位财务管理的重要流程，比如预算管理、报销管理以及收费管理流程进行优化再造，成功运转之后，再进行其他流程再造，切不可操之过急，适得其反。

（4）技术风险

进行财务管理信息化构建还可能面对的重大风险就是技术风险，这也就是指信息化平台构建风险。财务管理信息化平台是多个业务系统的有机集成，可能存在系统集成与整合能力不足、平台设计不合理、平台支撑力薄弱、系统安全性不足以及数据共享性差的风险。要应对此类风险，可以从以下几方面进行防范。

①提升信息化平台的开发水平。信息化平台的构建仅仅依靠高校技术人员是不可能实现的，所以可以采用外包或者雇佣有经验的IT工程师等方式保证平台的构建水平，彻底解决信息共享性差和财务工作方式落后等问题。

②建立完整的数据管理制度。基于财务共享服务的管控也是对数据的管控，全部网络化之后，数据的建设和保护尤为重要。单位应通过规范的数据管理制度来明确对数据分析的质量要求以及安全规范等内容。同时，在进行平台建设时就应该明确数据保护的方法，比如建立数据信息的访问日志、备份机制和预警机制，防止因突发情况或人为蓄意造成的数据冲突、丢失、毁损等风险，增强数据的安全性。

第四章　经济新常态下事业单位风险管理创新路径

随着国家财政管理体制改革的不断深化，各级针对事业单位的财务管理也制定了一系列的管理制度以及管理办法，以适应事业单位机构改革深化的实际需求，并依托部门预算、国库集中支付和政府采购等基础的制度，建立完善了相对系统的事业单位财务管理框架，对单位内部的资金尤其是财政资金的使用管理进行了有效的约束和规范。然而，由于事业单位普遍存在财务管理基础相对较为薄弱、财务管理经验缺失以及财务内控体系不够健全完善等一系列的问题，因而同样面临着较多的财务风险隐患。因此，对于单位的内部发展和管理来说，应该高度重视财务风险管理的重要性，建立健全财务风险预警体系和管控机制，减少财务风险隐患，防范财务风险问题的发生。这对于提高单位财务工作以及经济活动的规范性，确保单位的良好有序运行管理也具有非常重要的意义。

一、主要内容

（一）相关概念界定及内涵阐释

1. 风险的概念

风险是指在特定的情况下，在特定的时间里，人们期望的结果和现实的结果之间的差别。期望和现实之间的差异即期望和现实之间的偏差，偏差的程度体现了对风险的影响。风险是不确定的，每一个独立事件都受其影响，但我们无法对其进行预测。同时，风险也是客观存在的，无法彻底消除或避免，只有通过风险管理措施，才能将风险控制在一定程度上，以减小其不利影响。

风险的出现对企业经营管理就有显著影响，还会促使企业出现较为严重的经济损失。企业在开展经营活动过程中，很多因素都会促使企业出现风险，例如市场供求关系变化、企业管理水平等等，一旦产生风险就必须要加以有效解决，否则就会对企业正常开展经营活动产生不良影响。

2. 财务风险的内涵

（1）财务风险的定义

财务风险是指企业在一定时期的日常财务活动中，由于受到市场波动、国家政策调整、存货管理不善、债务结构不合理等因素影响，使企业的最终财务成果不能达到预期经营目标，进而导致企业利润减少甚至面临破产的风险。市场环境具有不确定性和复杂性，因此，财务风险会发生在企业运营的各个环节，保证企业正常进行财务活动，有助于改善企业的财务状况。

（2）财务风险的特征

①客观性。一方面，财务风险会使企业陷入财务危机的状况，这说明财务风险的发生是真实存在的。另一方面，财务风险会给企业带来利润减少、资金周转失调、现金流不足等问题，因此管理者要全面认识企业的财务状况。

②不确定性。从外部环境来看，市场整体的发展、国家政策的变动、自然灾害的发生等都会影响到企业的财务状况；从内部环境来看，企业的财务风险可能出现在企业生产经营的各个阶段，因此应制定财务风险的控制策略帮助维护企业的财务风险管理工作。

③全面性。财务风险可能会出现在企业日常运营的各个环节中，主要包括资金来源、销售商品、运输货物等活动，所以在各个环节都要做好管理工作，提前制定好应对措施，全面合理地管理企业财务。

④共存性。企业的财务风险和经济效益成正向关系，即财务风险越高，获得的经济效益越高，反之，随着风险降低导致经济效益变差。因此企业要想获得更高的收益，就要学会应对挑战、面对风险。危机和机遇往往是并存的，企业管理者应该积极采取措施降低风险，将危机转化为机遇。

（3）财务风险的分类

在企业的日常经营中，要注重各个环节的管理，明确各个环节的责任，具体包括资金筹集、销售商品、运输货物等活动。在进行风险识别时，主要采用的是财务比率分析法,具体包括以下四种风险类型。

1)筹资风险

筹资风险是指企业从事采购商品、扩建厂房、周转资金等活动,却不能支付相应的价款。从企业自身看,筹资风险受到负债规模、债务的偿还期限等因素影响。从企业所面临的外部因素来看,金融市场的不确定性以及资金的流动效率可能会产生筹资风险。企业的筹资方式可划分为负债筹资和股权筹资两种类型。正常情况下长短期借款的利息在税前支付,成本费用较低,主要面临着无法在规定时间内还本付息的风险,通过股票筹资的风险主要体现为效益的不确定性。

2)投资风险

企业在进行投资的时候,因为宏观因素发生变化、决策缺乏合理性以及企业管理水平相对较低等问题,导致实际产生的收益没有预期收益多,致使管理层认为该投资项目无法进行下去,应该转向其他项目的投资。造成投资项目产生风险的原因有很多,包括市场经济的波动、国家政策的调整、投资决策的失败、投资项目的资金短缺等,其中,通过内部制度的管理不能改善的风险叫作系统风险,因此企业在日常的正常经营过程中,只能降低非系统风险。

3)营运风险

资金营运风险是指企业在采购、生产和销售的全过程,给企业带来资金流动困难、销售渠道不通、采购成本上涨等问题。通常来说,经营环境发生变化、商品供应不足以及商品发生意外等隐藏因素都会导致营运风险。因此,管理者应该在企业日常经营过程中,时刻监测采购、生产和销售等财务活动,降低营运风险发生的可能性。

4)成长风险是指受到上市公司经营状况和发展前景的变化而产生的风险。从外部环境来看,企业由于受到产业政策、经济环境、法律制度等因素的变化影响产生财务风险;从内部环境来看,财务问题可能发生在企业经营的各个环节,综合导致企业发展潜能降低。

3. 财务风险管理的内涵

(1)财务风险管理概念

随着现代科学技术的发展和研究学者理论的完善,逐渐丰富了财务风险管理理论，财务风险管理是一种提高企业财务管理水平和完善企业组织架构的管理手段。在企业日常运营的时候，管理者通过对风险识别、评价和控制等流程的分析，进而发现企业存在的财务风险类型，并采取科学合理的措施分散、转移和控制风险，尽量避免企业的经济利润受到损失。

（2）财务风险管理阶段

首先，风险识别是风险管理程序的前提条件。风险识别的流程是为了了解企业潜在的财务风险类型以及产生风险的原因，从而能够进行后续的风险评价以及风险控制。如果在这之前不进行风险识别，就无法进行后续的工作，也就无法改进财务风险管理的工作。因此，采取科学合理的风险识别方法并搜集全面的相关财务信息有助于帮助管理者对风险进行定性定量的判断。

其次，风险评价是风险管理程序的重要阶段。受到企业的发展程度、风险类型等因素影响，财务风险的等级也是不相同的。因此，建立财务风险评价模型有助于准确计算和评估风险的大小，进而制定对应的防控措施。

最后，风险控制是风险管理程序的最终目标。在识别和评价风险后，企业就要采取措施来控制风险。风险控制的方法主要包括技术和制度层面上的防控，制度控制即在企业的管理制度上进行防范，可以采用制定内部控制制度、建立绩效和考核制度、完善组织结构等方法，而技术控制是指通过科学技术手段进行防控。

（3）财务风险管理内容

1）财务风险识别

作为企业财务风险管理的首要步骤，财务风险识别是对于企业财务活动中存在的风险加以识别，结合后续财务风险评价过程，基于不同维度出发对于财务风险进行归类。在对财务风险展开识别的过程中，需要结合企业自身特点，合理使用财务风险识别方法，并将财务风险要素进行分类整理。

①财务报表分析法。报表分析法是根据一定标准，基于企业各类报表罗列的财务数据，对其财务风险进行辨别，进而能够有效地对于企业经营及发展情况加以判定，此方法称为财务报表分析法。

②财务指标分析法。通过对企业财务指标加以分析，并使用对照比较方法，结合企业不同时期以及行业内进行横向与纵向分析，能够结合指标

变化趋势对于企业发展情况加以判别，而与同行业中相应数据比较，也能够有效体现企业在行业中所处的地位。运用财务指标分析法，能够对于企业经营、偿债以及发展能力加以有效分析，进而较为全面地对于企业财务状况加以了解。

③德尔菲法。通过匿名方式，结合专家意见展开对于财务风险的讨论，其主要流程是，在征询专家意见后，将需要预测的财务风险管理问题加以整理、总结，并将相应意见反馈给专家，并循环此过程，直到汇总后得到统一意见。德尔菲法虽然能够整合众多专家意见，但在实际操作过程中也因为应用烦琐且容易出现主观性错误，目前较少使用。

通过比较不同的财务风险识别方法并对其进行分析发现，无论何种方式均具有一定的局限性。而使用单一的财务风险识别方式，则无法对于企业财务风险进行很好的识别。

2）财务风险评价

在对财务风险进行评价的时候，可以采用定量或者是定性的方法。后者主要是根据专家主观的经验判断，对公司财务风险的大致状况进行判别，因此难以预测公司近期面临风险的实际情况，而定量评价方法则运用一些数学方法和统计工具，用数字来衡量其财务风险的大小，下面对四种常见的定量评价方法进行介绍。

①多元线性判别模型。主要包括 Z-Score 模型和 F 计分模型，前者通过数学统计的计算方法，选择最佳财务比率的指标，进而有效地设计数学模型表达式，使之更加科学合理。F 计分模型加入了现金流量的指标，现金流量的指标有助于判断企业是否出现资金短缺的问题，该方法比 Z-Score 模型更加准确和可靠。

②多元逻辑回归模型。该模型主要为 Logistic 模型，由累积概率函数发展而来，是计量经济学、社会学和市场营销等统计实证分析的常用模型，它通过计算概率来定量财务危机发生的可能性。

③人工神经网络模型。该模型主要是借鉴了神经元的相关思路，从而建立了数学模型。在这个数学模型当中，有输入层、中间层以及输出层。该方法可以根据期望值不断修改指标权重，不仅能避免人工计算的主观性，还能减少电脑输入的复杂性。

④功效系数法。该方法需要以多目标规划作为基础，按照标准值分别对指标进行区间归类，并计算指标的评价系数值，通过加权数值得到不同类型风险的综合系数值。功效系数法能够将复杂的问题简单化，从而使计算过程高效便捷。将上述财务风险评价方法的优缺点进行归纳与整理，得到的结果如表 4-1 所示。

表4-1 财务评价方法的优缺点

方法	优点	缺点
多元线性判别模型	预测精准度高，客观性强	①不适用长期风险 ②模型建立复杂
多元逻辑回归模型	①采用最大似然估计 ②可进行单样本数据分析	①模型计算复杂 ②临界点难以界定数据 ③须服从概率分布
人工神经网络模型	预测精准度高，客观性强	①运行的随机性强、稳健性低 ②硬件设施要求高 ③数据量要求大
功效系数法	从多角度评价，偏差小	指标评价标准要求严格

表 4-1 阐述了四种财务风险评价的方法，每个方法都有自己的优点和缺点。功效系数法能够将复杂的流程简单化，具体计算出财务风险的大小，从而针对不同的风险等级制定相应的控制措施。通过对偿债、盈利、营运和成长能力指标进行风险识别和评价，发现财务风险的形成原因，并根据 SPSS21.0 软件对企业财务报表的数据进行相关性分析，将测算出的系数值和熵值法得出的权重相结合，得到能够评价企业财务风险的指标，最后在构建风险评价模型时，通过功效系数法的计算公式得出不同风险的等级，根据等级制定相对应的风险控制策略。

3）财务风险控制

财务风险控制作为财务风险管理的最后环节，也是较为重要的步骤之一。其对于已辨别或未辨别的财务风险采取有效措施，进而减少财务风险对于企业带来的影响。一般情况下，企业会制定相应的对策来解决企业已经存在或尚未发生的潜在财务风险。通常财务风险控制的方法为回避、转移以及保留三种方式。

①风险回避。在企业经营与管理的过程中，往往会采用对于风险加以回避的方式处理财务风险，并以此确保企业利润最大化。而在目前的企业管理中，通过对风险进行回避无法有效取得效果，其原因是管理者通常是在风险度相对较高、企业无法承受的时候来采取回避风险的控制措施。而在企业管理者对于风险无法转移或者消除的情况下，他们也常会采用回避方式，缩减自身因为处理财务风险所浪费的时间与精力。

②风险转移。通过将风险加以转移，进而降低风险对于自身所带来的损失。通常企业采用与第三方联合及保险的方式转移风险，当财务风险发生，企业没有足够精力去面对或者相应财务风险无法避免时，将会采取风险转移方式进行风险规避。企业采取风险管理方式，通常会支付一定的费用，但相对于财务风险给企业造成的损失，企业更倾向于采取损失较小的风险转移方式。

③风险保留。企业在生产经营中将相应的风险加以承担，通过自身资金或等价物弥补风险所带来的损失，以确保企业能够可持续经营，此方式被称为风险保留。风险保留分为有计划与无计划两种。

在风险保留中，无计划保留是指当相关财务风险对于企业产生损失，在对于损失进行预估过程中，实际损失超过企业预计，此时企业资金周转将会变得困难，相应的经营活动也会受到影响，故而企业迫于无奈进行无计划风险保留，此方法使用将会较为谨慎。而有计划保留则是通过制订相应的计划、凭借购买保险等方式来预留相应资金，对于风险带来的损失加以弥补。

4. 事业单位的财务风险概念及特征分析

（1）事业单位的财务风险概念

事业单位作为由国有资产进行运转支撑，并从事科研教育和文化卫生等公共服务行业领域的社会组织形式，业务上接受政府部门的管理领导，具有明显的服务性以及公益性的特征。由于事业单位的资金来源较为复杂，财务管理以及经济活动的规范性、约束性较强，因而在单位运转过程中同样存在着财务风险隐患。一般来说，较为常见的事业单位的财务风险具体表现主要有以下几方面。

①会计核算风险。会计核算是财务会计工作的重要基础和关键内容，是在会计核算方面较为常见的风险，主要是一些单位的会计凭证不够规范，会计凭证要素的填写不全面，一些原始凭证不符合会计工作要求，甚至缺乏必要的票据和单据及明确经济事项的证明；有的单位的会计记账不够准确，一些单位由于支出拨款不足，因而出现了挤占项目经费或者公用经费的问题，有的会计甚至对于单位的项目支出没有开展专项核算，落实专款专用方面存在不少的问题；有的单位的会计报表编制不够严谨规范，账表和账实不符的问题仍然较为突出。

②预算管理风险。预算是对单位内部资金活动以及经济活动进行规划和约束的重要方式，但是当前一些单位在预算管理方面还存在着不少的问题，有的单位的预算编制不够科学合理，在预算编制过程中没有充分考虑单位业务活动开展的实际需要，容易影响资金使用效率；有的单位的预算具体执行存在不足，预算计划缺乏应有的规范和约束力度，预算计划执行不严格，资金收支没有得到有效的管控，预算计划目标难以顺利实现。

③资金管理风险。事业单位职能性质较为特殊，单位内部的资金来源构成相对复杂，既有财政拨款资金也有相应的事业性服务收入等，如果单位对于资金管理不善，尤其是在项目投入方面的资金运作管理不当，如将资金大量投入于运营周期长且回收难度较大的长期项目之中，则容易出现财务风险问题。

④政府采购管理风险。政府采购作为事业单位经济活动和财务管理的重要内容，也是财务风险的多发领域，一些单位没有严格执行各级关于政府采购的相关政策法规，使政府采购出现了流于形式的问题，有的单位在政府采购过程中缺乏充足的论证分析，也没有结合采购的实际需要设立采购监督管理部门，在采购招标过程中甚至存在着恶意串通或者虚假招标等一系列风险隐患。

⑤资产管理风险。事业单位的资产尤其是固定资产的价值总额及所占比例相对较大，资产管理作为单位内部管理的重要内容，也容易存在各种潜在风险问题。有的单位固定资产管理机制不够健全，一些固定资产尤其是重要的仪器设备存在着重复采购的问题，有的单位对于固定资产也没有进行定期的清查盘点，对于一些报废的固定资产也没有进行及时的账面反

映，因而容易出现资产虚增的问题。此外，有的单位还存在着应收账款的清理以及催收不够及时、合同订立的履行和监督不到位等问题，这些都容易造成资产流失，带来财务风险问题。

⑥制度风险

内部控制是监督与制约行政事业单位权力的重点，也是长效防控财务风险的主要方法。但是，目前大多数事业行政单位内部控制研究与实践起步较晚，大部分的财务人员对于财务内部控制还缺乏深入的了解，如果只是一味地追求业务提升，忽视了财务风险的重要性，不仅会增加风险因素，还会影响单位的健康发展。与此同时，在行政事业单位中，针对财务制度方面还缺乏进一步的完善和规范，相应的报销和审批流程也不明确，即便是已经规定了，单位也没有严格按照要求执行。针对往来结算账户、货币资金和固定资产的管理，行政事业单位沿用的是以往的管理制度，并没有结合市场动态发展情况，及时对制度进行调整和完善。而对于内部会计制度，单位没有结合实际情况研究分析，没有定期对制度实施全面合理的梳理和调整。长期如此，必然会诱发财务风险。

（2）事业单位的财务风险特征

事业单位的风险种类较多，尤其是由于资金来源渠道以及财务管理活动较为复杂，因而决定了单位的财务风险管理也存在着复杂性，有着明显的特点：第一，财务风险具有不确定性，造成单位出现财务风险的隐患因素较多，在日常的财务管理活动中财务风险的种类相对较为复杂，对财务风险进行准确判断的难度相对较大；第二，财务风险具有客观性，财务风险的成因多种多样，若财务风险的关联因素出现变化，也会造成财务风险出现相应的变化，因而财务风险预防控制的难度相对较大；第三，财务风险具有可控性，事业单位的经济活动特点以及财务工作特点决定了财务风险也具有一定的规律性，可以在单位内部建立完善的财务风险预警体系以及通过单位自身管理方式的不断调整，对财务风险的发生时间、财务风险的发生概率、财务风险的影响范围以及财务风险的损失程度等进行科学的预测，进而有效规避财务风险可能带来的财务损失。

（二）事业单位财务风险管理的重要意义

1. 可以促进单位内部财务工作体系的健全完善

结合事业单位的实际特点，建立完善的财务风险管理体系，尤其是财务风险评估和控制机制的建立实施，可以对单位的财务管理工作体系进行系统的完善，提高单位财务管理活动的全面性，确保单位财务管理体系趋于科学合理，并在财务风险的控制管理过程中，进一步地提高单位的财务管理绩效，为单位的健康可持续发展提供良好的基础保障。

2. 保证会计信息的准确性

行政事业单位现有的财务资金大多属于国有资产，在资产采购、资产保存、经营销售和资产清理的过程中，需要将资产的应用情况进行完整记录，从源头上分析行政事业单位发展可能存在的会计风险问题，制定科学合理的预防措施，保证国有资产的完整性。行政事业单位的财务人员需要对当前行政事业单位经营发展所开设的各项经济活动进行全面追踪调查，对经济往来的各环节进行如实记录。行政事业单位财务风险管理质量，会直接影响经济活动开展的效果以及相关数据的真实性。当前行政事业单位财务风险管理工作存在许多问题，需要制定合理的管理措施，全面提高财务信息质量，保障单位国有资产的安全性，行政事业单位要认真履行管理职责。

各项经济活动开展过程中会获取海量的财务信息，作为单位运营发展的主要依据。因此，财务信息的整体质量会直接影响行政事业单位财务部门工作的可靠性，通过财务风险管理能够针对当前会计活动的开展流程，对可能存在的风险进行综合控制管理，全面提高行政事业单位财会业务数据的准确性。提升财会信息综合管理水平，真实反映出当前单位经济项目能够创造的经济效益，保证财会工作的规范性，提高单位资产管理效率。

3. 提高资产安全性

行政事业单位财务风险控制的实现，能够对单位的经济活动起到良好的监督管理作用。全面提高单位财务风险控制成效，要求将会计流程中的多项工作环节进行完整记录，提取出相关财务管理信息。单位应严格按照财务风险控制标准执行工作任务，保证行政事业单位财务信息内容的真实性和可靠性，助力国家对行政事业单位综合发展情况的全面掌握。

行政事业单位对国有资产具有占有权，但国有资产的所属权属于国家。

因此，在进行行政事业单位财务风险管理控制的过程中，需要严格规范资产管理的相关流程，有效解决当前行政事业单位内部经营发展存在的资产违规现象，杜绝资产挪用、资产配置不合理等问题对单位经营发展的影响，全面提高行政事业单位资产使用效率。财务风险管理工作首先需要创新与完善行政事业单位的内部资产日常管理，做好各项财会数据的清查与盘点，全面提高行政事业单位资产的安全性和准确性，确保单位制定出符合自身经营发展要求的财会活动项目。

4. 促进行政事业单位履行职能

社会经济发展对行政事业单位各项职能的履行提出了新的要求。加强对行政事业单位内部财务风险的综合管理，要求内部财会工作人员结合单位发展情况，认真处理单位财务会计信息。在经济活动开展的过程中，工作人员应严格遵守行政事业单位的各项财会管理规定，有效避免单位发展阶段财会违规行为，保证行政事业单位内部管理制度的规范性。通过行政事业单位财务风险的监督与控制，能够全面降低违规行为对单位经济效益造成的影响，全面提高行政事业单位的公信力，对行政事业单位的持续稳定发展具有重要意义。

除此之外，在行政事业单位财务风险控制阶段，管理者应通过科学合理的考核体系，完成对单位各部门财务人员管理职责的综合监督，全面提高行政事业单位的内部管理效率。

（三）我国事业单位财务风险管理的内容与政策

事业单位的财务风险管理方法经常按照政策性指导纲要进行，地方行政事业单位根据上级政府领导方针与工作指示，推动各个单位财务内部风险管理工作正常运行。目前被采用的财务风险管理政策体系，重点涵盖以下几个内容。

1. 预算绩效管理

它是指国家政府或部门根据目标管理指标和绩效指标对单位的预算支出项目做出的公平公正的审核。审核主体主要有财政部门、上级政府、本部门负责机构、中介机构等。其中政府财政部门是各单位开展预算管理工作的指导单位，中介机构也作为第三方评价主体，受财政部委托对行政事业单位进行评价,以确保各行政事业单位的资金审核做到平等、有效,提高国家资金的使用效益和效率。

2. 财政预算公开制度

是指以为人民服务、对人民负责为宗旨,推进依法治国方针,将政府预算进行公开,给予中国公民依法管理国家事务,参与经济建设、文化建设及社会事务的责任。

3. 政府采购制度

该制度是参照《中华人民共和国政府采购法》实施的,是用以规范行政事业单位政府采购行为的重要制度,确定了行政事业单位政府采购资金使用的基本原则,是提升政府资金使用效率的重要规定。

4. 国库集中支付制度

即执行收入、支出两条线,行政事业单位将主营收入按时缴入国库,其另外的支出部分,再由国库直接拨出给事业单位。

5. "三公"经费公开制度

"三公"经费即是依靠财政资金支付的公务车辆购置费及运行费用、公务接待费、因公出国(境)经费,这也成为监督、管控行政事业单位财务风险的重要举措。

(四)事业单位财务风险管理中存在的主要问题及诱因

本章以A事业单位为例,针对其在内部控制过程中对于财务风险管理现状开展的相应不足,并对于内在的因素进行推导,提出解决财务风险管理的对策,以期在实践上有助于事业单位更好地开展财务风险管理工作。

1. A事业单位的财务风险管理现状分析

(1)A事业单位基本背景

A单位为某省测绘地理信息的单位,单位主要职责为进行全省范围内的基础测绘、地理信息维护、地图编制等基础性工作,同时也增加了建立、更新地理信息数据库,开发地理信息系统,建设地理信息公共服务平台等应用内容。A单位在社会经济与生活建设中起到了积极的公共服务作用,比如在防灾抗灾工作中给予相应的地理信息支持;在地区勘测调查过程中提供相应的测量与遥感服务;在一些重大型社会服务中与其他事业单位一起，为当地居民提供有效、专业、准确的公共型公益服务。

A单位为全额拨款的事业单位，职工共计126名，其中正式编制90名，人事代理36名。

其行政结构可由4大部分构成，分别是：办公室、行政部、业务部、服务部，所设置的科室为：办公室、生产技术科、财务科、人事科、质量检验科、信息系统室、数据管理室、遥感室、成果开发应用室、地图制图室、外业数据采集室。

其管理架构主要具有三方面特征，第一，A单位行政化突出，职能部门保持传统的行政管理架构；第二，行政与业务分离的二元结构问题突出；第三，行政权缺乏必要的独立性。受国家相关法规的约束，其财务管理必须遵守国家财政部颁布的《事业单位会计准则》《事业单位财务规则》和《行政事业单位内部控制规范》。

（2）A事业单位财务风险管理现状

A事业单位制定了比较全面的财务制度，涵盖了部门预算编制、财务运行、项目支出、经费管理、工程财务管理、财务会计人员工作规范、会计档案归置、监督审核、物资材料采购与调拨、固定资产管理、政府采购运行、差旅费管理和招投标管理等多个方面。但目前在财务风险管理方面仍面临诸多问题，在以下部分具体总结。

1）财务预算管理方面

预算管理的起点便是预算编制，其科学性将直接影响着日后的预算执行和考核情况。然而，预算资金编制体现出的重大事项漏洞在于，首先，对待固定资产的规范化管理不足，在资金的日常运营中，资金管理呈现巨大的资源浪费现象。其次，预算资金的编制、使用并没有与财务管理有机结合。最后，在预算的具体执行过程中，忽略了预算编制的全面考量，在决算时与预算编制相差甚远。这样的情况所产生的主要原因可能是资金编制不准确，专项资金和日常运营资金未做出准确区分，挪用、乱用现象突出。有的单位部门在预算编制时，没有全面预测，及时性不够，预算不够细致，比较粗糙。出现计划外的新工作任务时，因无预算导致无从下手，或缺乏预算的约束力，胡乱执行，部门预算执行情况易于失控。

另外表现为预算执行的准确性欠缺。其突出体现为预算执行的随意、滥用，谋取私利的违法犯纪行为。相应的法律法规规范不够严格、单位自身的规章制度不健全、且效力不强，此类现象难以杜绝；另外，经费来源完全为上级财政拨款，即使单位自身进行了相应的资金计划，但由于资金完全来自上级，难以有效执行个性化的预算，对资金进行管理的作用难以得到独立发挥，在资金流向上受到很大的限制，资金效率最大化效益发挥的主动性也是受到限制的。

2）财务运行管理方面

①财务机构设置。参考一个优秀的企业，可以发现企业财务机构中间管理及管理层人员较少的结构能够使企业做出更加迅速、敏锐的反应，不会错失市场机会。可是A事业单位的财务机构在部门设置上表现为，其设立了一个独立的财务科室，呈现金字塔型，中间层级多且效率低下。

②财务人员素质。财务人员素质方面，A事业单位表现出缺乏专业的财务管理人才，在专业素质方面主要体现出财务风险管理知识欠缺、观念滞后、方法单一等问题。在通用素质上，A事业单位财务人员思想观念长期固化，缺乏学习知识的主动性、实践的创新精神。

③财务计划执行。在财务的执行中经常性出现"程序合法、内容虚置"的情况，相关财务审查并不专业，财务计划执行的真实情况得不到有效反馈。财务预算编制随意，出现随意性的增减，权力寻租的机会明显，相应的外部审查难以发挥出监督作用，脱离了对实际情况的了解，形成虚置的约束力，缺乏与审计监督的有效结合。部门没有成本管理、资金管理优化意识，在财务制度管理、固定资产管理方面都有进一步提升的空间。

3）项目经费管理方面

项目经费的管理工作涉及事业单位日常是否能合理高效地开展工作，事业单位的发展态势好坏最直观的一点体现也在于单位的项目经费管理是否充裕。A事业单位的项目经费管理上出现的问题主要体现在三部分，一是经费管理办法的执行难度大，二是经费计划编制的合理性较低，三是经费支出的执行流程不规范。经费管理办法的执行难度大主要表现为事业单位的资金来源主要是财政部门，经费的收入和预期支出容易出现不协调的情况，另一方面，内部经费的调整幅度也经常比较大，难以完全按照经费管理办法实施。经费计划编制的合理性较差，一部分原因是进行计划编制的相应人才专业素养不够，另一方面，年初的计划编制由于是采用申报、批准形式，部门往往出于提高单位自身收益目的，存在很多虚报现象，所制订的计划内容并不详实。经费支出流程执行不规范，单位"一支笔"审核的情况日益严重，资金支出由领导拍板决定，资金流动的动向、现状不够透明的同时，相应的审核机制未到位。

2. A事业单位财务风险管理问题分析

（1）财务风险管理中的管理模式问题

A事业单位作为省级行政事业单位，内部财务部门功能有限，往往局限于经费的审核、报销等工作，在财务风险管理方面表现不足，比如风险的预测、资产的管理、投融资决策等。而单位中的其他部门，虽然部门分类较为清晰，但经常出现名存实亡、职权不匹配的情况，兼岗现象严重。部门之间的管理依然表现为上级命令、下级履行职责的消极反应，职工工作积极性不高。另外，财务部门与其他部门的联系单一，财务部门的职责仅表现为服务于其他业务部门的资金支出，对其他部门所能起到的决策作用几乎为零，难以发挥其内部财务风险控制功能。A单位平时缺少对职工的职业道德教育，缺乏宣传敬业奉献的文化气氛，同时由于A单位人员编制不够，存在有的员工身兼数职的情况，定岗定薪履行不到位，随着测绘工作越来越受重视，工作任务的加重，合同制职工与正式编制职工编制比重增加，其两者之间的薪资差别待遇的矛盾也越来越突出。

（2）财务风险管理中的成本问题

A事业单位的财务管理支出形式是按照预算经费支出，定期向财政部门办理费用报销，采用申请拨款的方法进行资金的周转利用。这种申报形式，也造成了单位内部的财务人员缺乏成本控制理念，对于提升资金使用效率的愿望并不强烈，这也造成了事业单位财务管理的过程中涌现了大批量浪费，相关的成本核算及成本改进措施都不到位。同时，成本意识薄弱也导致A事业单位的支出管理薄弱。主要反映为对财务的预算编制简单不翔实、对财政资金使用存在挤占挪用、领导"一支笔"决策、各种形式的经费支出比例不协调，从而不利于提升员工积极性，给予了员工钻制度漏洞、投机取巧、非法篡取个人利益的机会。从而，加大了财务管理的潜在风险。

（3）财务风险管理中的资产管理问题

A事业单位的固定资产投资呈现出不断扩大的趋势，单位注重添置新的设备与办公用品，但对于旧设备的维护却疏于管理。在财务管理方面，缺乏对固定资产的折旧处理，账面价值与实际价值不符、重置购买的情况突出等现象非常严重。资产使用效率非常低下、管理粗放，这也反映了A事业单位在物品的管理和使用方面相应的制度与规范十分缺乏。资产管理粗放不仅体现在固定资产方面，A事业单位对于一些无形资产，比如知识产权、知识成果、人力资本等隐形资产的管理也表现为未建立起规范化的知识库，未对人力资源给予有效激励，无形资产的创收收益不显著等问题。为此，这也可能带来人才流失、成果流失等风险，并且此风险一旦产生，后果可能严重于固定资产损失的风险。

（4）财务风险管理中的信息系统问题

A事业单位现在仍然没有搭建线上的信息管理平台系统。信息的沟通主要依赖于"上传下达"即采取下层向上层汇报、上层下发红头文件指示的形式进行。一些有关本部门切身利益的重大事项的信息沟通渠道并不建全。信息处理往往做不到及时、快捷、高效，这也带来了部门管理难度的加深、人才管理难度的加深。部门与部门之间的信息壁垒严重，将不利于部门之间充分发挥相互协作的互助精神，不利于各部门共同推动单位向前发展。由于信息滞后，同时也带来严重的潜在财务风险。在出现了财务安全问题后，信息信号不能有效地被相关部门获取，或者信息的失真性极大程度上影响对风险的识别和评估，从而无益于对财务风险进行准确有效的应对。

（5）内部监督缺失情况下财务风险管理问题

良好的财务风险管理的一个重要的衡量要素就是在组织内部是否存在规范化的内部监督有效机制。A事业单位虽然有响应政府号召，采取加强内部控制建设的系列举措，但由于思想意识上的保守滞后、部门互通建设缺失等一系列原因，内部建设执行效果很难发挥出来。内部控制建设的最主要目的之一就是通过建设整体内部机制，加强对组织内权力的制衡和监督。资金的运转和使用，如果没有得到很好的内部监督，出现一人决定权的情况，将对资金使用安全性、有效性带来严重的危害。由于缺乏建设起完善流畅的内部监督机制意识，财务风险管理的重大隐患将始终影响组织效益，不利于形成团结、向上的团队氛围。

3. 事业单位财务风险诱因

根据上述A事业单位财务风险管理问题的分析，总结原因如下：

（1）管理制度不健全，责任分工不明确

行政事业单位建立合理化、健全的制度，可以解决内部结构组织松散的情况，促进各项工作按序开展。但是，有些行政事业单位没有建立完善的管理制度，使得财务人员在处理问题的时候存在无章可循的情况[1]。有些员工甚至不了解自身的基本工作职责、工作分工情况，无法落实管理权责，使得单位出现职能重叠的情况，无法结合制度准则做好考核评价工作，影响行政事业单位的公信力。

（2）缺乏对风险的明确认识

对于开展财会活动来说，行政事业单位不可避免地会产生一系列的财会风险。财会人员只有结合现有的规章制度，提出风险评估方法，做出准确的职业判断，才可以有效降低风险问题的发生概率。这就需要财会人员对财会风险有清晰的认知，提前做好风险应对工作，保持时刻警惕。行政事业单位属于非营利机构，业务活动大都是财政拨款支持，所出现的风险问题也会落在国家财政上，导致相关财会人员的风险意识不强，忽视财会管理工作的开展。甚至还有部分人员存在专业素养不高的情况，没有掌握岗位的专业技术，工作存在随意性，也容易引发财会风险。

（3）缺乏完善的管理机制

行政事业单位属于必须履行监督职责、加强管理力度、提供高质量服务的机构。各个部门相互协作，完成自身的工作任务。虽然工作任务不同，但是要想达成单位与社会稳定和谐发展的目标，各个部门就需要相互协作沟通，实现密切联系，相互辅助。但就实际情况进行分析，许多行政事业单位还存在没有理顺财会关系的情况[2]。究其根本，就是因为没有建设完善的管理体系，导致各项责任无法贯彻到实处，奖惩机制监督不到位。单位

---

[1] 刘鑫. 财务风险防范视角下的行政事业单位内控管理[J]. 中国乡镇企业会计，2020（10）：185-186.

[2] 胡贵强. 行政事业单位财务风险的防范与管理[J]. 中国集体经济，2019（24）：141-142.

在管理以及使用资金的时候,存在使用无效资金、资金使用效率不高的情况,无法确保资产管理的安全性与完整性。

(4)财政管理滞后

我国社会经济体制的建设不断完善,使得我国行政事业单位逐渐进入了现代化的发展进程中。市场经济的深化改革,也不再适用于传统的财务管理模式,不管是事业单位还是企事业单位,都应当提出合理化、科学化的管理方案。若仅仅凭借经验决策、主管决策经验进行管理,则可能出现决策失误的风险,引发财会风险。即使行政事业单位不属于自负盈亏的机构,但是做好财会工作仍然十分重要。若没有对财会风险进行积极的管理与防范,没有合理化利用公共资源,则会直接影响行政事业单位的有序发展。

(5)财务人员素质一般

财务人员素质不够是导致行政事业单位会计风险的原因之一,主要有以下三方面的原因:第一,行政事业单位人员工作内容相对简单,工作氛围比较缓和、工作节奏没有企业那么快,工作压力小,工资收入稳定,到点上班,到点下班,人员安于现状,对于工作热情不高涨。第二,部分财务人员没有职业资格证,缺乏专业理论知识,在日常的工作中,也没有不断学习,努力考证,提升自己的意识。第三,单位领导不重视对于财务人员的相关知识和技能培训,平时也没有安排财务人员进行考试和考核,鼓励财务人员考取相关的职业资格证书。

二、创新路径

(一)事业单位财务风险防范原则

1. 整体性原则

在财务管理中,单位管理人员及财务人员应对问题进行客观公正的看待,基于实际情况对单位风险承受力、外界环境风险进行重点分析,从整体角度衡量财务风险。

2. 全员参与原则

行政事业单位是非营利性单位,在财务活动中稍有差错便会诱发风险。所以,单位全体人员应积极参与风险管理工作。

3. 权衡制衡原则

对于行政事业单位而言，风险来自内部。在内部决策中因权力较为集中，决策错误便会诱发风险。所以，应贯彻执行权衡制衡原则进行风险管理，强化决策的科学性。

4. 预见性原则

行政事业单位在财务风险管理工作中要遵循预见性原则，制定针对性的预警机制，以便于从源头上分析并控制财务风险问题，保障财务活动安全。

5. 效益原则

虽然行政事业单位是一种服务性、公益性质的单位，但是资金应用率较高，所以应坚持效益原则，合理利用各项资金，避免浪费，进而有效提高服务质量。

（二）事业单位财务风险管理创新路径

1. 强化财务风险意识，做好财务预算管理工作

（1）强化财务风险意识

事业单位领导者作为事业单位日常生产经营和决策的直接执行者，对财务风险管理和控制工作有非常大的影响。只有加强事业单位领导者的财务风险管理意识，才能够以上带下，真正有效发挥财务风险管理的效果。事业单位应该按照相关规定，结合单位内部实际情况建立财务风险管理部门，并安排相关的专业人员负责，确保财务风险控制工作的落实。另外，单位还要加强对财务风险及控制管理知识的宣传力度，在单位全体员工中树立起财务风险管理意识，增加单位员工对财务风险管理工作的参与度。

（2）做好财务预算管理工作

作为财政资金的始发站，预算这一关尤为重要。行政事业单位站在合理使用财政资金的高度上，应比照自身的社会职责，充分发挥自身的特点，统筹安排各项资金的使用比重，按照轻重缓急合理分配资金。

①预算管理要符合政策要求。欲速则不达，单位应以稳为前提，保证社会经济的稳定运行，保障财政资金的安全，达到长期发挥社会效益的目的。该保证的支出一定要保证好，在预算安排和预算执行中，要切实做到保基本民生、保工资、保运转，必须科学安排预算，同时做好勤俭节约、精打

细算过紧日子的准备。

②规范预算管理流程。单位应提高预算编制的精准性，合理安排年度预算，按时序进度进行支付，防止年终突击性花钱，导致不能花在刀刃上，甚至盲目花钱的情况发生。单位应提高预算编制的合法性，有依有据的事项应合理保证，民生项目应首批先保证，防止随意立项而挤占有限的公共资源，造成铺张浪费乱花钱、绩效不佳乱花钱，这些情况应当被依法依规问责。

③财政资金用到关键处是提升行政事业单位公共服务质量的前提。单位应提高资金的配置效率和使用效益，完善绩效管理的指标和标准体系，覆盖资金使用的全过程，将绩效管理的关口提前到事前并贯穿全过程，加强事后的审核和评估及激励约束机制，以评促建、良性互动，以保证预算绩效目标的实现。

④为可能出现的不确定因素预留缓冲空间，积极主动地进行预调微调。单位应对基本可以确定要发生的预算进行预调，保证项目的稳妥推进。对已发生偏离预定轨道但处于合理范畴的事项应及时进行预算微调，使各项业务得以可持续开展。

2. 加强人才队伍建设

首先，增强德育。德育可影响人的一生，树立正确的人生观、价值观，对防范行政事业单位会计风险至关重要。在这个前提下，单位负责人，才能负起整个单位的领头羊重任，确定一个单位的风向标，通过正确的观念引领一个单位稳妥高效地运行单位的财务人员，才能坚守职业道德，合法合规使用资金，保证国家财产的安全完整；经办人员，才能遵纪守法，严守各项规章制度及操作守则。

其次，加强业务能力的学习。时代在发展，知识在更新，在这种大环境下学习能力的重要性就更加凸显出来了。实施好文化素质和职业技能，加强人才梯队建设，保持学习的能力，提高职业教育质量，定期进行业务培训，培养一支业务熟练、作风优良的人才队伍，才能跟上社会的脚步。

3. 建立内部环境控制系统

（1）完善事业单位内部管理模式

完善事业单位的内部管理模式不仅是行政事业单位提高管理效益的诉

求,同时也是实现财务风险管理规范化、制度化的迫切要求。只有在一个组织高效、部门协调、职能分工明确的组织中,一系列财务管理制度、内部控制准则才能得到真正落地,否则岗位与职员工作的重叠、部门之间的职责混乱、领导拍板等内部管理问题将直接导致制度的失效。

因此,应该注重坚持事业单位内部管理模式的改革,形成廉洁高效的部门文化。我国单位可以参考国外经验,建立适用于事业单位内部控制建设的管理模式,配套出台相应的辅助制度,合理设置岗位,规定项目决策程序,规范各项行政业务流程。内部管理模式应该尤其重视关键绩效岗位的设置,比如资金管理、票据管理、采购管理、工程管理、内部审计等岗位,应该明确各岗位上职工的相应职责和权限。在内部管理模式重构的过程中,应充分树立内部控制框架理论思想,主要有权力的制衡、职责的监督、行为的激励等,应该做到经济活动实施过程中决策、执行和监督应三权分立。通过内部管理模式的全面改革,可以大幅度规避行政事业单位日常财务活动中重要资产流失的风险,进一步推动内部控制框架的落地。

(2)提升事业单位内部控制意识

个人的主动行为是由自身的思想意识形态、价值观、知识结构的广度与知识应用的深度决定的。内部控制机制建设过程中出现了各种问题,不仅应该从组织中的客观因素找原因,还应反省政策执行中"人"的因素。针对行政事业单位内控制度建设的接受度不高的问题,首先应该从提升单位内部的领导人员和相关主要执行人员,如财务部门、人力资源管理部门的内部控制意识和财务风险意识开始。应该重视加强对内部控制理论基本知识的相关培训与学习,定期举办单位内部相应的管理研讨班,与各层级人员积极交换意见、进行沟通,及时了解本单位内部财务风险管理建设、内部控制建设的发展动态,才能从被动执行内控到主动改进内控。只有本单位人员思想意识团结一致,在各部门中内控建设得到广泛认同,才能真正将财务风险管理工作落到实处。

4. 建立风险评估机制

(1)贯彻落实财务绩效管理

长期以来,我国行政事业单位并不重视财务绩效管理,普遍表现出来的是缺乏成本意识、支出管理意识,财政资金的使用效率不高等问题,财务绩效管理也开始越来越受到相关政府和部门的重视。加强财务绩效的管理，意味着财务资金的使用与绩效结果相挂钩，个人利益与公共资金使用效果评价相挂钩，部门财政资金申报数额与资金使用绩效相关联，从而更好地引导行政事业单位加强对财务绩效的管理，树立起成本节约、支出管理意识。同时财务绩效管理也对于如何更好地发挥出资金使用效率提出了新的要求，事业单位鼓励采取收入来源多元化的盈利及筹资途径，注意优化资产结构，减轻负债风险，合理安排运用闲置资金，多元化财务管理手段，从而实现部门的财务利润创收。

（2）加强外部审计资源整合

充分发挥财务绩效考核功能。仅仅依赖内部财务资金的管理依然不足，还需要发挥外部审计的监督作用，并且进一步对外部资源进行整合，应善于利用外部部门的监督审计，形成良好的社会声誉和品牌效应。要大力支持政府及相关审计监察部门推荐相关法律法规政策的制定，积极辅助相应部门进行财务情况的评估，综合总结财政部门、税务部门、保险监督部门及银行的相应财务管理建议，最大限度地减少本部门的财务舞弊等一系列违法行为的发生。重视整合外部审计资源，不仅有利于帮助内部审计水平得到提升，同时通过形成全面的内外部财务审核监督体系，更有利于本部门财务风险管理工作的发展。

（3）建立内部风险评估体系

事业单位风险评估是指内部控制能有效预防和减少其履行职责时所遇到的风险。风险评估体系的建立，有利于维护行政事业单位内部控制框架的有效性和适应性，有利于更准确把握财务风险管理的重点方向，有利于保障事业单位正常经营活动的持续、稳定、有效开展。行政事业单位内部风险评估体系可以参考SWOT方法全面分析经济事项的相应风险与收益。同时，可以配合推行经济责任制，以适当规避决策中可能出现的腐败风险。在内部风险评估的过程中，加强对筹资的管理，随时准备好应对相应的财务风险。

5. 发挥资产管理预警功能，建立风险控制系统

（1）落实全面预算管理

行政事业单位应该坚持"以预算管理为主线，以资金管控为核心"，

对财务预算进行全面管理。我们分为两个步骤来实施，首先做好对预算编制环节的控制，在预算编制时，尽量做到细致化、全面化，将所有相关财政收支事项纳入预算管理范围，严格按照有关编制规定进行各事项金额、用途、标准及相关备注栏的说明，确保预算的科学性、可执行性。其次，在预算执行的过程中，应按照相关的规章制度，严格按章办事、规范预算资金的管理流程。总之，相关单位应加强法治预算管理意识，在预算管理的执行上严格按照相应标准，不能随意调整或追加。同时，年度预算项目落实后，有关单位应及时编制更为详细、具体的预算执行计划，并且落实好各项计划的时间安排，将工作落实到相应的部门和个人。对于资金计划的相应处理情况做到公平、公正、公开，可以建立民主监督小组以及领导小组进行讨论决策。对于由于审批不当造成重大财产损失的行为给予严肃处理，对于违法乱纪行为给予坚决的打击和处罚。

（2）完善固定资产内部管理

针对事业单位的特殊性，其固定资产在正常情况下通常不与市场经营活动挂钩，不以营利为目的，主要是确保实现政府公共职能与公共事业健康发展的物质条件与经济保障。针对资产管理混乱，国有资产的处置随意性较大，国有财产流失的问题，固定资产内部控制主要环节及检查见表4-2。

表4-2 固定资产内部控制主要环节及检查

内部控制环节	内部控制要点	内部控制检查
1.	固定资产增减应编制预算	固定资产处理的预算依据账面预算与实际支出审批
2.	固定资产预算、取得和处置只有经过高层管理机构批准方可生效	授权批准制度执行检查
3.	专人负责固定资产的取得、记录、保管、处置等	检查分工的科学性
4.	建立日常维护、定期检修制度	检查制度执行
5.	定期盘点制度：确定数量、存放地点、使用状况。	制度评级、查询资产处理
6.	投资转出、报废、出售、调转出的申请报批程序	检查报批程序执行
7.	设置总账、明细账、固定资产登记卡；按原始凭证进行明细分类核算	检查明细账完整性，原先凭证充分性

6. 发挥内部沟通与监督功能，建立信息反馈机制

行政事业单位应当建立信息与沟通制度，确保信息及时、有用，沟通流畅、有效，促进内部控制良好运行。

（1）完善内部监督渠道

首先，从意识形态上要认识到组织内部监督对财务风险管理的重要价值。通过设立组织内部监督制度才能真正使具体操作人员监督单位财务资金的使用明细。内部监督是成功实施内部控制体系的关键环节，必须明确行政事业单位的内部监督单位，明确行政事业单位的内部监督人员。要注意开展好内部审计工作，一方面内部审计是更好地实施内部监督的保障，另一方面内部审计只有安排专业素质的人才才能真正落实到位。同时，要注重对内部监督工作的实施进行相应的培训，培训在一定程度上能提高相关人员的素质，同时通过为大家的交流沟通提供平台，工作中出现的问题、疏漏能够得到高效的解决，充分激励员工的工作积极性。

其次，要充分体现内部监督的严格分开、独立存在。在工作中实施"自己对自己的监督"并不是有效发挥监督体系力量的途径，这种管理方式缺乏对结果及过程考虑的有效性、客观性。因此，应该明确部门内部的关键监督关系，以减轻工作中可能会出现的一系列风险。同时可以建立内部监督委员会，委员会直接对预算管理效果负责，而非对预算实施的相关人员负责。内部监督的独立性要求在工作中时刻牢记制衡的原则，在权力的制衡中，保障单位内部相关利益的平衡，促进不同岗位的员工落实各司其位、各司其职，通过有效接受来自内部控制体系建设框架中的相应监督，改善工作拖延、随意应付的情况，有利于带来单位效益的大跨度飞跃。

最后，要充分发扬内部监督工作的创新精神。内部监督可以一边学习其他国家的先进经验，一边结合各自单位的现实情况开展。比如，可以采取行政事业单位的内部报告制度，执行层以书面形式向决策层反映单位财务情况。为保证资金的使用效率、运行管理，促进内部控制建设中员工的积极性提升具有积极的作用。同时，也可以考虑借鉴国外的单位督察机制，建立项目的主要负责人，向其提交审计报告。同时应该在本行政事业单位内部积极提出财务风险管理相应的批评和建议，帮助财务风险管理实践不断走向新台阶。

（2）建立内部信息化系统

为确保对违规舞弊行为的正规化举报处理等一系列有效实践，应建立起高效的内部信息化系统，以减轻信息传递壁垒，这能够保障信息的真实性。比如在过去的片面单向沟通下，经常性出现信息失真、信息时效性差、信息价值小、可有效利用的关键素材少、信息筛选需要耗费大量成本等问题，而信息化系统则成功打破了信息沟通屏障，有利于减少信息流的内部传递时间，有利于对突发事件做出及时的经济预案。同时信息化系统建设，可以有效保护单位的历史性信息资源，对不同层面的信息做出一个有效归纳，有利于在众多信息中找出影响事件发生的关键要素，为工作中做出新的决策提供信息依据。信息化系统中反馈出的企业运行情况、内部团队人员情况、业务运转态势，将成为事业单位变动发展的温度计，能有效监测控制发展过程中的风险。

另外，信息化系统的建立不仅有利于内部沟通，同时还创建了与外界沟通的新窗口。通过设立电子信息平台，可以帮助单位收集社会公众的大数据信息，打破沟通的时间、空间限制。比如电子政务是实现政府与公众之间良好互动的快捷平台，通过公众迅速地反馈问题，无形间对行政事业单位形成了覆盖式监控的大网络。这在一方面提升了行政事业单位的社会声誉，提高了社会公信力，促进社会公众对本单位的认可，在另一方面也有利于不断改进自身工作，牢固树立为人民服务、对人民负责的工作意识与作风，大力强调建设廉洁高效的新型行政事业单位。信息化系统成为财务风险管理的有效手段，是支撑内部框架体系建设的有效工具。

第五章　经济新常态下事业单位资产管理创新路径

事业单位是国家进行公共管理的重要部门，其资产管理能力和资产运行效率的高低直接影响其工作效率。近年来，为推进国家治理体系和治理能力现代化，我国政府要求加强事业单位国有资产管理与监督，党的十九大报告也要求制定事业单位资产管理办法，提高资产管理水平，加强其资产配置的科学性、高效性，以节约财政资金和社会资源，建设高效节约型政府。

针对目前事业单位资产管理中存在的主要问题，国务院于2021年2月1日，公布了《行政事业性国有资产管理条例》。该条例作为提高我国国有资产管理能力的第一部行政法规，从预算管理，资产配置、使用、处置等方面对国有资产管理进行了规范，对提高资产利用效率，建立规范、科学、有效的资产管理体系，建设资源节约型政府，落实资产管理责任，将资产管理纳入法治轨道有着积极的作用。目前，事业单位资产管理仍存在信息化程度不高、资产管理人员素质参差不齐、管理职责不清、制度建设不健全等问题。作为国家现代治理体系的重要组成部分，事业单位应从推进法治化进程、创新管理方式、完善监管体系、加强绩效评价等方面着手，提高自身资产管理水平。

一、主要内容

（一）事业单位资产的内涵

1. 行政事业单位资产概念

行政事业单位资产是国有资产，其所有权属于国家。在使用方面，除具备行政事业单位的特殊性质外，还具备国有资产所共有的公共服务性。

（1）国有资产概述

政府需要承担对经济方面的责任，以及建造公共设施、维护公共安全、进行公共行政、维持公共教育、完善公共保障等方面的责任，必须具备相应的物质基础，对这些物质基础利用得好，政府就能更好地实现其应尽的职责。这部分物质基础也就是广义的国有资产。

我国虽然没有成文的国有资产法，但理论界普遍认可的说法是，国有资产是法律上确定为国家拥有的并能为国家提供经济和社会效益的各种经济资源的总和。就是属于国家所有的一切财产的总称。其体现着全体人民的共同需要，为全体人民的利益服务。[①]

（2）行政事业单位资产

针对上述国有资产产生的原因，行政事业单位资产实际上是指国家对承担建造公共设施、维护公共安全、进行公共行政、维持公共教育、完善公共保障等方面责任的单位投入所形成的资产。这些单位进行国家行政管理，组织经济文化建设，维护社会公共秩序或从事社会公益活动，不以营利为目的，因其职能不同划分为行政单位和事业单位。根据财政部党组2006年4月25日审议通过的《行政单位国有资产管理暂行办法》，行政单位资产，是指由各级行政单位占有、使用的，依法确认为国家所有，能以货币计量的各种经济资源的总称，即行政单位的国有（公共）财产。根据财政部2006年5月30日颁布的《事业单位国有资产管理暂行办法》，事业单位资产，是指由事业单位占有、使用的，依法确认为国家所有，能以货币计量的各种经济资源的总称，即事业单位的国有（公共）财产。根据国务院2021年2月1日公布的《行政事业性国有资产管理条例》，行政

[①] 毛程连. 国有资产管理学[M]. 上海：复旦大学出版社，2005：2.

事业性国有资产,是指行政单位、事业单位通过以下方式取得或者形成的资产:①使用财政资金形成的资产;②接受调拨或者划转、置换形成的资产;③接受捐赠并确认为国有的资产;④其他国有资产。

由于行政单位和事业单位的资产在性质上的共性,以及部分事业单位实际上执行行政单位的职能,部分行政单位实际上执行事业单位的职能,理论界在讨论时通常将其归为一类,并将行政事业单位资产定义为行政事业单位占用、使用的,依法确认为国家所有,能以货币计量的各种经济资源的总称,是政府履行社会管理职能、提供公共服务、促进事业发展的重要物质基础,是国有资产的重要组成部分。

2. 行政事业单位资产构成

按照不同的分类标准,行政事业单位资产的构成各有不同。

其一,按价值形态,行政事业单位资产可分为流动资产、固定资产、无形资产和对外投资等。其二,按行政隶属层次,行政事业单位资产可分为中央行政事业单位资产和地方行政事业单位资产。其三,按形成方式划分,行政事业单位资产可分为由财政预算拨款形成的资产、由经营性资产收益形成的资产、接受捐赠和其他经法律确认的资产。

3. 行政事业单位资产的特点

虽然部分行政事业单位存在经营性资产与非经营性资产并存的现象,但总体来说,行政事业单位资产以非经营性资产为主。行政事业单位非经营性资产主要有如下特点:

(1) 公共性

行政事业单位国有资产主要来源于国家公共财政,通过国家划拨等方式获得,是我国党政机关、事业单位开展工作、履行职能的主要资产。

(2) 服务性

行政事业单位使用国有资产时应该以服务为根本目标。行政事业单位国有资产是取之于民用之于民的。行政事业单位通过占有和使用这些资产来为社会和公众服务,同时,这意味着其服务的方式、措施、效果接受公众的监督。

(3) 非营利性

行政事业单位的国有资产是我们国家公共财政的一部分,主要配置于社会的非生产领域，其使用不应以营利为目的，行政事业单位在占有和使用的过程中，应以服务公众、实现社会效益最大化为原则。这并不代表行政单位可以随意动用国家资产，否则极易造成腐败现象，破坏事业单位风气，为其他组织团体作错误示范。在使用国有资产的过程中，行政部门一定要加强部门监管，推行节俭理念，为人民群众提供更加高效的服务。而且在使用时一定要杜绝资产浪费，以减少不必要的资产损耗，努力保证国有资产的完整性，做到把钱用在刀刃上。

（4）无偿性

国家拨付给行政单位的无偿资产，在使用的时候会随之消耗，因此国家并不要求偿还，只要不刻意浪费造成腐败风气，绝不追究其政治法律责任。

（5）消耗性

它的非营利性决定了该项资产在使用的过程中并不能创造出新的资产剩余，为行政单位拨款的原因是保证其高质量完成工作，为人民提供更加便捷的帮助服务，并不是让其进行市场投资，所以既不需要计算开销成本，也不需要计提折旧，从社会再生产的角度来说，这是一个消耗的过程。

（6）分散性

由于社会公共领域的分工复杂，行政事业单位的国有资产分布，集中在各级各类的行政事业单位中，这种现象为国有资产的统一、系统、高效管理增加了很大的困难，这也提示我们，应当注重发展国有资产信息化管理系统，利用合理的管理体制来解决国有资产分布的分散性带来的管理困难。

（7）财政配置性

行政单位在履行职能过程中所造成的资金耗费，都是由国家财政拨款弥补的，并不像企业一样进行产品的生产制造，将制造完成的商品投放到市场中，根据市场供求关系获取利益，扣除成本税费后计算净收入，并且将获取的收益运用到扩大销售经营中去实现扩大再生产，进而获得更高收益。行政单位相比而言更加单纯，是国家为满足社会公共需要而专门设立的行政机构，向公众代表政府行使相关职权，主要行使国家社会管理和公共服务职能，并不具备社会生产职能。

(8) 管理的统一性

行政单位国有资产管理的统一性，决定了行政单位在财务管理上应该践行统一性原则，具体体现在：各级行政管理单位都需要遵守统一的财务管理工作方针。在日常财务管理工作中，所有工作人员都必须贯彻执行"勤俭建国、厉行节约"的方针政策。其次，行政单位与其他单位的不同之处是，该部门有统一的机构、编制。简单来说就是各级行政单位的机构设置和人员编制，都必须按照国家的统一规定进行管理，而且行政单位有统一的财务管理制度。行政单位的财务管理和会计核算工作，需要坚决执行统一的《行政单位财务规则》和《行政单位会计制度》。最后一条就是，行政单位有统一的经费开支标准。行政单位的各项经费开支，如福利费提取、工资津贴补贴、会议费差旅费开支等，都必须执行统一规定的开支标准，切实维护工作人员的利益，提高部门职员的工作积极性，进而提高整个事业单位的办事效率，为老百姓做好事、做实事。

(二) 行政事业单位资产管理概述

1. 行政事业性资产管理的内涵

我国行政事业性资产管理从改革开放之初的财政部门统一管理，到由随之成立的国有资产管理局管理，再到由财政部门统筹管理。2006年，财政部出台的《行政单位资产管理暂行办法》（财政部令第35号）和《事业单位资产管理暂行办法》（财政部令第36号）开启了新时代国有资产管理的新局面，2009年出台的《中央行政事业性资产管理暂行办法》针对全国人大、全国政协、中直系统、驻外机构以及中央级事业单位的国有资产管理提供了依据。各地开始加强对行政事业国有资产的管理，大多数省财政厅成立了行政事业单位资产处，并且陆续出台了省一级的相关管理办法。随着《中华人民共和国预算法》（2014年修正稿）正式实施，财政部出台了《关于进一步规范和加强行政事业性资产管理的指导意见》（财资〔2015〕90号），为行政事业性资产管理提供了新的可供参考的指导意见，省级政府据此也陆续提出了地方政府的行政事业性资产管理办法。

根据我国行政事业性资产管理相关规定，我们可以发现行政事业性资产管理原则为"国家所有权和单位使用权相分离"，管理体制为"统一所有、分级监管、单位使用",非经营性行政事业性资产管理的主要任务包括"建立健全制度""实施产权管理""保障资产安全和完整""资产合理配置"和"节约、有效使用",行政事业性资产管理的主要任务包括"有偿使用""加强监督"和"保值增值"。行政事业性资产日常管理的内容包括"产权日常管理""资产日常管理""监督日常管理"等[①]。

行政事业单位资产管理主要特点如下。

(1)资产主要依赖财政拨款,来源较多

改革开放以来,我国行政事业单位主要的资产来源,包括征收、上级财政拨款、没收、单位内部自收自支等形式,其次还包括接受捐赠等形式。在这些来源形式中,大多数的行政事业单位的资产来源是上级主管部门的下拨款及营利性创收。其中财政拨款占比最大,形成了行政事业单位资产的主要来源。其中政府征收体现了政府和全民所有制国有资产的委托代理关系,政府的下拨款体现了政府和行政事业单位的委托代理关系。

(2)非经营性资产较多,缺乏自偿能力

行政事业单位的功能主要是代替政府执行各项具体的社会管理职能,大多数具有非营利性质。其中大多数单位具有配置领域内资源、服务社会、自愿无偿使用等特点。由于大部分单位是接受财政拨款进行项目开展,不具有营利性,也就缺乏自我补偿能力,属于纯消费性质,所以也就缺乏资金循环补偿能力。

(3)资产种类多样化,固定资产比重较大

随着经济大力发展,政府国有资产也增速较快。为了更好地落实政策、执行政府各部门的各项职能,各级政府在对下属各个行政事业单位的资产投资上加大了力度。如批复办公大楼建设用地、提高办公设备功能、购置现代化办公设备、提升公车档次数量等。在一些具有科研性质的行政事业单位,政府对科研仪器和设备的投入也是相当之大。同时在市场经济模式下,行政事业单位的业务性质也有所改变,部分单位对外投资占比也逐年攀升。根据相关数据显示,在所有行政事业单位资产中,固定资产占比最大,主要有以下几点。一是组成结构较为复杂,有土地、房屋、交通运输工具、

---

① 《财政部关于进一步规范和加强行政事业单位国有资产管理的指导意见》(财资〔2015〕90号)。

电子设备等高价值资产。二是由于大多数行政事业单位纳入财政预算体系，所以核算起点低，资产分布范围广。大到一幢办公楼，小到一张打印纸等都被纳入预算体系。三是流动性差，行政事业单位的资产相较于企业，流动性非常差，几乎常年累积，甚至没有流动性。传统的行政事业单位，资产购进单位便如同死账一般，几年、几十年都不再流动，直到报废处理。

2. 行政事业单位资产管理的任务

（1）建立和健全各项规章制度

从各个方面来讲，建立全国各级行政单位资产管理的制度框架十分重要。在该框架里面，全国行政单位国有资产管理办法是一个纲领性文件，在整个国有资产的管理工作范围中占据非常神圣的地位。因此，财政部要制定中央级行政单位的国有资产管理实施办法，地方各级财政部门要制定本地区和本级行政单位国有资产管理的规章制度。与此同时，各级财政部门还要制定行政单位国有资产的使用、配置、处置、统计、报告等一系列配套制度，以保证对相关工作各个环节的具体管理步骤都做到百分之百重视，全面规范行政单位的国有资产管理工作，提高管理工作的严谨性、高效性。

（2）推动国有资产的合理配置和有效使用

资产配置不公平现象危害非常之大，从单位内部来讲，资产分配不均会直接影响行政单位工作人员的工作积极性，在单位与单位之间还会出现相互攀比的不良现象，十分影响单位风气，并且还会加重国家的财政负担。财政拨款比较富足的部门可能会利用剩余资产进行社会投资，获得营利性收益，然后利用这笔资金向部门员工发放津贴福利。这样一来，虽然在单位内部会提高员工的工作积极性，但是也会在另一方面加重部门之间的攀比心理，加重部门之间原本存在的不均衡现象。所以推动国有资产的合理配置和有效使用迫在眉睫。

（3）保障行政事业单位国有资产的安全与完整

行政单位的职能为对社会相关工作进行及时管理，为公共服务贡献力量，而且相关工作的开展不能以营利为目的。行政单位的国有资产是相关部门开展工作的物质保障，因此必须身体力行地保护好国有资产，避免浪费造成国有资产流失损耗，保障国有资产的完整性是行政事业单位的职责。

（4）监管尚未脱钩的经营性的国有资产，实现国有资产的保值增值

截止到目前，政府行政事业单位在具体工作的管理方面还存在各种各样的问题，由于很多行政单位在客观意义上还具备一定数量的经营性资产，这份资产何去何从也困扰了相关部门很久。首先需要明确的是，这份资产不能逾越到部门管理制度之外。其次，财政部门和行政单位必须明确自己的身份职权，大力加强对这部分资产的清查力度，实行有效监管，及时堵塞资产漏洞，保护国有资产的安全。

3. 行政事业单位资产管理的内容

行政单位资产管理内容包括从入口到出口、全过程的监督管理。主要包括：

（1）资产评估方面

根据相关法律规定对相关事务进行资产评估，在此基础上对资产评估项目实行核准制和备案，在整个过程中明确被评估单位的义务和责任。

（2）资产处置方面

明确资产处置的内容和要求，由相关人员规定资产处置的审批程序，以确保对资产处置收入实行"收支两条线"的管理要求。

（3）监督检查方面

努力做到明确财政部门、行政单位及其工作人员的职能，明确相关管理机构和人员在行政单位国有资产管理活动中进行违法行为应承担的法律责任。

（4）资产统计报告、资产清查方面

按照法律规定，行政单位应当建立资产登记档案，明确提出资产统计报告是预算管理和资产管理的依据和基础，然后提出资产管理信息化的要求，最后对资产清查和产权登记工作做出规定。

（5）资产使用方面

规范资产日常使用管理，对闲置资产进行调剂使用以提高资产使用效率。明确资产有偿使用的审批程序，对资产有偿使用收入实行"收支两条线"管理。资产配置方面相关人员一定要明确资产配置的原则，制定出符合资产配置现状的实施标准。明确资产配置的审批程序，让资产配置与部门预算联系到一起。

4. 事业单位加强资产管理的重要意义

（1）是顺应改革趋势，建设资源节约型政府的内在要求

虽然政府工作报告提出要压减一般公共预算支出，但目前在事业单位中仍存在资产浪费、闲置现象，造成资源浪费和财政资金支出的增加，不符合建设节约型政府的要求。而提高事业单位国有资产管理水平，可以加快国有资产周转效率，降低事业单位办公成本，减少财政开支。因此，应强化事业单位国有资产管理。

（2）可以提高国有资产利用率，确保资源高效合理利用

目前，根据政府会计制度，事业单位采用财务会计和预算会计两种核算方式，执行"双基础""双报告""双功能"对经济行为进行核算。在财务会计核算方面，增加了流动资产周转率、固定资产使用率等财务指标对国有资产使用效率进行考核，这对如实反映政府资产状况和运行效率，降低政府运行成本，保障国有资产安全，促进国有资产使用效率提高和保值增值起到了重要作用。

（3）清晰权责划分，健全资产管理体制

事业单位资产作为提供公共服务的物质保障，其一方面保障着事业单位日常工作运转，一方面为社会公共服务提供着硬件保障，其管理水平的高低对事业单位工作运转效率和政府履职尽责的效果具有重要的影响作用。由于事业单位国有资产受财政部门、机关事务管理部门、国资部门等部门管理，因此，加强事业单位资产管理，建立明确清晰的权责管理体系，对提高资产管理效率，节约财政资金，保障资产安全，构建安全规范、节约高效、公开透明、权责一致的国有资产管理机制可以起到积极作用。

（4）降低事业单位运行成本，高效提供公共服务

目前，我国事业单位作为提供社会公共服务的主要组成部分，其资产运行成本相较于发达国家仍然较高，主要体现在资产重复购置、闲置资产较多、资源共享机制不健全、资产浪费严重等方面。所以增强国有资产管理，提高其利用效率，对降低事业单位运行成本，保障财政资金合理使用，减少财政资金浪费和国有资源闲置，低耗高效地提供公共服务具有重要意义。

（三）事业单位资产管理理论基础

1. 公共品理论与行政事业性资产管理

（1）公共品理论

公共品理论是经济学理论的一个重要分支，在19世纪70年代边际革命后，奥地利、意大利的财政学者首先把效用价值论和边际分析方法应用到财政研究领域，形成了早期的公共品理论。经过一个多世纪的发展，公共品概念已经成为财政学理论体系的基石，其核心基础概念的地位牢不可破。作为解决市场失灵的重要手段，公共品理论在处理政府与市场关系的领域发挥着重要作用，特别是在涉及政府财税理论的改革问题时，如何实现公共服务的市场化原则，同时不失去其公共品特征，这一理论对其做出了详尽解释。公共品的特征是拥有非竞争性、非排他性，同时对于一些准公共品，也进行了深入研究。就政府而言，其国有资产的管理实质就是对公共品理论的一个重要应用，包括了自身如何提供公共品，如何认识到公共品理论在经济社会发展过程中的指导性意义。行政事业单位的国有资产也是属于公共品理论应用的一个部分，如何管好、用好这些国有资产，对于提升公共品的使用效率，推动政府职能的有效发挥有着重要意义。

（2）公共品理论下的行政事业性资产管理

党的十九大报告提出：中国特色社会主义进入新时代，我国社会主要矛盾已经转化为人民日益增长的美好生活需要和不平衡不充分的发展之间的矛盾。而解决这一主要矛盾的主要途径是政府提供更多和更优质的公共品和公共服务。目前，我国行政事业性资产配置存在一定的区域间、层级间不均衡等问题，基于这种配置而提供的公共品和公共服务造成了公共品和公共服务的区域不均等，加剧了我国区域间不平衡、不充分的发展。行政事业性资产管理应通过调配既有资产、增加购置预算、实行资产标准化配置等方式，促进不同区域间行使相同或类似职能的机构或单位之间人均资产占用额实现均等，解决目前财政充裕地区和财政紧张地区行使相同或类似职能的机构或单位之间人均资产占用额差异过大造成的区域间公共品和公共服务不平衡、不充分矛盾。

公共品理论对行政事业性资产管理的指导主要集中在两个方面。首先，公共品理论明确了国有资产管理范围，国有资产的自然垄断性和外部性是其存在的合理性解释，在市场资源配置的作用存在缺陷的情况下，公共品应运而生，政府需要提供公共品的话，必须投入资本，由此产生了国有资产。对其实施管理主要集中在对满足公共需求所必需的国有资产上，其专门管理机构的存在非常必要。其次，公共品理论与国有资产管理的绩效考核密切相关，特别是公共品的收益成本确定和评价标准问题，需要根据其自身特点深入分析，不同于一般产品或服务的绩效评价体系。因此，针对行政事业性资产管理，需要得到公共品理论的支撑。

2. 外部性理论与行政事业性资产管理

（1）外部性理论

外部性理论是现代财政理论乃至经济理论的重要组成部分。关于外部性的确切定义比较难以获得统一，所以不同时期的学者大多数根据具体的情况来解释外部性问题。对外部性的共同认识，则是基于一个经济体的行为对于其他经济体的影响，而这种影响不会因为它造成了好的结果而获益，也不会因为造成了坏的结果而受到惩罚，外部性由此而生。在经济活动的实际操作过程中一旦产生了外部性问题，资源配置的结果很难符合效率原则。而由于这种外部性还存在正向和负向两种关系，更会引起其他经济问题。一般而言，当出现正向外部性的时候，其他经济体可以受益，但是实际经济活动的主体并不能得到应有的收益，资源配置的积极性降低；当出现负向外部性的时候，会引发社会福利的损失。不管是正向还是负向的外部性，最终都会导致资源配置无法实现最大化收益，引起效率损失。因此，在实际经济活动中，纯粹市场经济的竞争机制和价格机制无法解决外部性问题，具有很强外部性的公共品或准公共品的供给需要政府的干预。

（2）外部性理论下的行政事业性资产管理

中共十八届三中全会将财政提升至"国家治理的基础和重要支柱"的战略高度，并提出建立现代财政制度的明确目标。现代财政制度所具备的资源配置、维护市场统一、促进社会公平、实现国家长治久安等职能的实现，都需要规模适度的行政事业性资产，如果资产规模过小，就无法满足财政履行职能的需要，相反，如果资产规模过大，就会缩小社会用于再生产的资源，从而直接影响经济的可持续发展。

行政事业单位管理的资产往往属于个体评价低于社会评价的优值品，

一旦这些资产在管理和使用中出现问题，其外部性会非常明显，形成的风险不仅是私人风险而是社会风险，最终承担兜底责任的只能是政府。另外，在财政分权体制下，强调行政事业性资产管理工作必须坚持"统一领导与分级管理相结合"的原则，在很大程度上也是因为地方政府的行政事业性资产管理工作也具有一定程度的外部性特征，一旦地方政府的行政事业性资产管理出现严重问题，形成的风险超出地方政府自身的承受能力，承担兜底责任的也只能是中央政府，因此，对地方政府的行政事业性资产管理工作，中央必须进行必要的监管，以防范和化解各种风险。因此，外部性理论也构成了行政事业性资产管理的理论基础。

3. 新公共管理理论与行政事业性资产管理

（1）新公共管理理论的核心内容

新公共管理理论是目前国际上行政改革的重要理论基础，从20世纪80年代从英美等国家开始，迅速扩展到西方各国。这一理论兴起的主要原因西方一些国家在政府管理领域相继出现诸多问题，严重影响政府公共管理效率，而且已经无法适应当时迅速发展的经济社会步伐。区别于传统的公共管理理论，其不是在原有行政管理框架下的修修补补，也不是对其进行局部的管理体系调整，而是建立了一套全新的公共管理模式，是对传统公共管理框架的重构和全面改革。新公共管理理论主张通过借助于私人部门的成功管理经验和管理机制来重塑政府管理模式，重视公共服务的效率提升和解决公共问题的能力强化，对居民的实际需要做出积极反映，同时强调政府权力与地方自治的综合考虑，针对政府部门与私人部门之间的合作提出新的构想，在推动政府职能有效实施的同时还应该降低行政成本，引入企业管理机制和方法来改善政府公共服务质量。

（2）新公共管理理论下的行政事业性资产管理

行政事业性资产配置是提供公共品、公共服务的基础和保障，能够提高行政事业性资产的使用效率，是提高现代财政制度职能的重要途径。首先，应把行政事业性存量资产的管理职能统一划归财政部门，解决目前国有资产管理部门、物资管理部门和房地产管理部门、纪检审计等部门多头管理行政事业性资产导致的"家底不清、账实不符"问题。其次，应制定行政事业性资产人均占用标准，解决随意购置、重复购置等问题，缓解行政事业费上涨压力。最后，应搭建调剂使用平台，盘活存量闲置资产，解决行政事业性资产"配置不均、使用不公"等问题。

结合行政事业性资产管理，新公共管理理论可值得借鉴和参考的内容较多，涉及以下几个方面：一是政府的管理职能转变，新公共管理理论认为可以将政府职能的实际履行与管理相分离，实现政府的有效治理。二是政府公共服务应该借鉴公共选择理论中的服务意识，将顾客或市场作为政府公共服务的导向标，重新定位政府与市场、私人部门的关系。三是政府还应该适当"授权"或者"分权"管理，新公共管理理论和实践认为只有将权力下放、分散化才能适应经济社会形势的变化。四是充分吸收私人部门的有效管理方法和手段，如果涉及效率分析、监督管控、降低行政成本和提升工作效率等，可以根据公共服务的不同内容和性质来进行有效区分，引入私人部门的管理手段，进行类似于商业化中的部门管理体制改革，提高资源配置效率。五是引入竞争机制，针对公共服务中的传统观念进行颠覆性的改革，取消公共服务供给的垄断性，在实现高效公共服务职能的同时推动政府形成新的管理意识和服务观念。六是专业化管理，形成明确的绩效评价机制，推动管理型人才在政府部门中的职务调整，让专业人士进行有效的管理控制，推动职业化、专门化的政府公共服务管理人才队伍建设，明确政府部门的公共服务绩效目标，在此基础上强化监督管理机制，形成系统性的绩效考核方案，推动政府公共服务职能的全面实现。

4. 绩效管理理论与行政事业性资产管理

（1）绩效管理理论的核心内容

绩效一般被认为是员工在组织战略、组织目标下形成的可进行评价和观测的工作行为和工作成果，体现了员工对组织的贡献和价值。但实践证明，员工绩效的简单界定和评价并不能真正提高组织的整体绩效。研究者们在绩效评估实践的基础上，提出了"绩效管理"的概念，从组织整体绩效的提高视角拓展了"绩效"的概念。20世纪80年代末，人力资源管理中已经广泛采用绩效管理。绩效管理集合了组织绩效管理和雇员绩效管理，在组织（公司）的整体经营目标下将每一个雇员（管理者）的工作与整体使命联系在一起。在绩效管理中，首先应明确组织目标并使组织内充分沟通形成组织内共识，其次是将组织目标逐层分解，接下来制订绩效计划并明确组织成员的具体工作和明确性的个体和部门（团队）目标，最后进行个体和部门（团队）的考核和绩效反馈。

（2）绩效管理理论下的行政事业性资产管理

绩效管理理论在行政事业性资产管理上的应用首先表现在对公平、效率和社会福利最大化的理解上。效率与公平是影响社会福利的两个基本要素，也是评价国有资产管理的基础。其次，在预算编制等管理过程中，需要充分体现绩效概念，党的十九大报告中提到的全面实施绩效管理正是基于此考虑，预算管理的绩效评价可以将财政资金的分配和行政事业单位的绩效紧密地结合起来，优化行政事业性资产预算管理，实现科学合理的预算编制、预算管理制度，利用一种较强的机制来约束和维持，提高国有资产使用效益。

5. 委托代理理论与行政事业性资产管理

（1）委托代理理论的核心内容

委托代理理论是信息经济学的重要内容，也是契约理论的重要组成部分。在现代企业治理中，企业所有者（股东）和经营权（职业经理人）分离是一种常见现象，委托代理理论正是根据企业内部信息不对称研究发展起来的，其核心是解决委托代理中的道德风险和逆向选择等问题，即如何在委托人和受托者在面临利益相冲突和信息不对称的情况下，设计一种激励机制促进受托者按照委托人的意愿行事，充分保障委托人利益。我国行政事业性资产的所有权属于国家，使用权属于资产占有、使用的行政事业单位，处置和收益权也在一定程度上被赋予了资产占有、使用的行政事业单位，这种所有权与使用权的分离也构成了一种委托代理关系，适用于用委托代理理论来指导行政事业性资产管理。

（2）委托代理理论下的行政事业性资产管理

委托代理理论要求，为了实现受托者对委托人意愿的落实，管理者必须对受托者进行考核，并针对考核结果进行激励或惩罚。首先，应建立行政事业性资产管理考核制度体系，还需建立行政事业性资产管理问责机制，实现"奖优罚劣"。尤其是对长期以来行政事业性资产管理考核水平较差的单位实施惩罚措施，进而激发考核水平较高的单位的资产管理动力和积极性。因此，应当建立严格的行政事业性资产管理奖惩机制，形成"考核结果—单位利益—个人利益"联结机制，促进行政事业性资产管理的良好执行。

（四）事业单位资产管理中存在的问题

1. 缺乏合理的资产配置，随意性大

在过去传统的行政事业单位内部，管理者对于资产的具体管理缺乏合理配置的意识。全体员工包括单位一把手都管理意识薄弱，往往是资产购置回来，谁申请就谁用，或者购置许多不必要的资产，在资产配置制度上缺乏有效的约束力。出现这种不合理配置的现象，很大程度归因于过去旧有的资产管理制度不健全，只有大体框架，缺乏具体细则。其次，由于行政事业单位资产来源较多，所以也存在配置失灵的问题，导致资产配置缺乏合理性。最后，在单位内部资产使用方面，由于是无对价的财务拨款，所以很多单位只管花钱，不管资产使用效率，造成大量资产乱用或者闲置。以上种种都会导致国有资产的大量流失。

2. 缺乏内部控制制度的落实推广

内部控制制度的有效建设能够有效加强行政事业单位内部业务层面各项管理的效率。我国在之前的国有单位管理中，内部控制制度形同虚设，也缺乏专业人才。同时单位一把手往往更注重带来直接经济利益的项目的推进，却不重视对内部管理的控制，所以往往也会忽略管理人才，注重提拔业务人才。因为内部控制活动是一种对内在效益的管控，不能直接体现在经济效益上，所以单位在内部控制管理过程中，相应的机制建设也就跟不上，风险防范意识也就没有了。直到现在很多行政事业单位依然是"一把手"的管理模式。所有的管理流程缺乏合理性，导致各项管理环节审批不规范，这也极容易导致内部腐败的滋生，进而导致国有资产的流失。

3. 信息化管理落后

目前我国三四线城市的行政事业单位，大多数资产管理方式还是传统的纸面操作。这种人工的纸面操作，会导致许多问题，如对账难、监管不力、效率低、信息传递落后等。很多行政事业单位甚至没有一套完整的资产管理程序，这与日益飞速发展的经济社会严重脱节。由于缺乏信息系统的支持，进而导致各个政府职能部门的联系缺乏及时性、有效性、连续性。在全国财政试行大预算的情形下，无法合理分配预算资金、无法合理进行资产调配等，这与信息化、大数据时代格格不入，落后太多。

4. 缺乏有效监督

在我国各地市的行政事业单位内部，有的监察部门形同虚设，依然一把手说了算，这就导致在实际的资产管理过程中，监管不力、监督制度落实不到实处，进而导致各类资产从计划到采购到分配等各个管理环节，账实不符、报价不明、领用管理混乱等问题时由发生。这就严重导致国有资产的冗余、沉积和流失。

5. 资产管理人员业务能力不足

在传统行政事业单位内部，往往缺乏专业的资产管理人才，都是财务部门或者办公室部门兼职管理资产。有些单位体量较小，甚至没有专门负责资产的人员，再加上传统的一把手管理模式，全单位上下非常缺乏对资产管理重要性的认识。这就直接导致人员安排不合理，资产配置不合理，风险意识缺乏，国有资产管理效率低下。

二、创新路径

（一）事业单位资产管理的基本思路

1. 事业单位资产管理创新的指导思想

推进供给侧结构性改革，是我国经济发展进入"新常态"后解决经济发展中的供需关系和结构性问题的重要举措，即通过改革促进结构性调整使供给适应需求的变化。行政事业性资产管理中落实供给侧结构性改革，对于存量资产和增量资产的管理，需要坚持"去产能、去库存、去杠杆、降成本、补短板"，才能进一步优化存量资产配置，扩大优质增量资产供给，实现供需动态平衡。因此，加强行政事业性资产管理需要供给侧结构性改革的全面指导。

针对上述分析发现的我国行政事业性资产管理中存在的问题，本书认为行政事业性资产管理要求在基本体系上应包括现代化法律体系、全方位监管体系、科学化预算制度、全面实施绩效管理等内容，具体管理上应包括配置、使用和处置等方面。据此，提出我国行政事业性资产管理优化的指导思想。

以供给侧结构性改革为引领,以坚持科学立法、程序规范、兼顾效率与公平、资产管理与预算有效衔接等为原则,形成基本体系健全、基本模式完善的行政事业性资产管理框架体系,着力构建"预算、支出、资产管理"闭环系统,促使行政事业性资产提供更多和更优质的公共品和公共服务。

2. 事业单位资产管理创新的原则

(1) 资产管理与预算管理相结合

在我国,行政单位的大部分资产是由财政预算资金组成的,所以财政资金监督管理体系的安全性、科学性以及稳定性对于行政单位内部的资产配置起决定性的作用。因此,行政事业单位应该不断加强资产管理,运用增量的方式起到合理调配和控制存量的作用,最有效的路径就是把预算管理和资产管理进行有效的结合,最终才能实现资产管理的科学性和稳定性的目标。

其中,预算管理的基础工作就是企业的资产管理,实现资产管理科学性、稳定性的目标,不仅可以为企业内部提供精确和完整的数据信息参考资料,还可以对企业内部的财务清算和监督管理发挥重要的作用,同时,其作为相关财政部门进行资产预算和资源配置的重要参考数据,可以不断完善企业内部的财务预算监督管理体系。所以,企业内部的预算管理和资产管理的有效结合可以提升企业内部资产管理的工作效率与管理水平,并且从根本需求的角度针对资产形成进行合理的把控,同时也是实现预算体系科学化、精准化目标的重要途径。

(2) 资产管理与财务管理相结合

"资产"是该领域的核心内容,而财务管理的重要组成部分就是资产管理,资产管理和财务管理具有密切的联系。所以科学地完善内部的财务管理体系是当下首要的工作,而最重要的环节就是提升资产管理的工作效率与能力。加强内部的资产管理,不仅可以提高内部财务管理的整体水平,还能让财务管理体系朝着科学化、现代化、精确化的方向不断发展。假如将财务管理与资产管理进行分割,在单位内部会出现财务脱节的现象,同时形成两个独立的体系,从而对单位内部的财务管理产生消极的影响。综上所述,财务管理必须和资产管理进行有效的整合,才能实现资源和配置的基本目标,并且使财务系统更加科学化和规范化。

（3）实物管理与价值管理相结合

资产管理工作主要包括两方面的内容,即价值管理和事务管理,价值管理主要倾向于财务管理领域,而实物管理的主要职能就是保障实物资产的安全性,其中实物管理工作的重要依据是由财务管理提供的,同时实物管理是作为财务规划管理的基础内容存在的。在现阶段,单位内部价值管理和实物管理的有机统一高度符合现代发展趋势,同时也是实现账实相符和资产精准核算目标的重要方法。

3. 事业单位资产管理创新的着力点

本书根据加强行政事业性资产管理的指导思想和原则,认为行政事业性资产管理的着力点应为构建资产管理"闭环系统"。本书构建了一个包含行政事业性资产预算、行政事业性资产购置、行政事业性资产管理的"闭环系统",尝试解决上文提出的行政事业单位资产制度建设存在漏洞,体制机制存在缺陷,相关法律法规和宏观政策缺失,具体管理效率不足等问题。

（1）资产购置预算编制

行政事业性资产购置预算编制是预算、支出、资产管理"闭环系统"的起点,也是这一系统运行产生的结果。如前文所述,科学化预算制度的建立,将预算编制作为这一系统的开始,为行政事业性资产的科学合理性奠定基础,可以避免资金使用的不规范、不合理现象,避免国有资产流失现象,提高预算透明度,同时为下一步行政事业单位的资产购置提供可靠依据,这也是预算制度改革的目标。具体来看,行政事业性资产购置的预算编制可以从以下几点展开:

①预算编制的规范性。行政事业单位的预算编制应与自身的公共服务职能相匹配。坚持科学合理性原则,单位应从自身实际情况出发,根据单位的职能权限以及涉及的预算科目,编制年度预算,并根据实际资产运行情况,适当推动中期财政规划的编制工作。

②预算编制的标准化。遵循预算编制的基本规律,制定可供推广的预算标准。主要是通过行政事业单位的国有资产实际情况,切实完善预算科目的分类,并根据资产管理的要求进行细化。在明确科目分类细化的基础上,根据资产的价格、实物量和使用年限来确定预算标准,为资产的实际购置

提供切实可行的依据。

（2）资产购置

行政事业性资产购置预算编制是预算、支出、资产管理"闭环系统"的中间环节，资产管理的前提是行政事业性资产购置应严格按照预算编制执行。资产购置同样需要履行预算管理中的审批流程，在执行部门预算的过程中，针对资产购置需要进行专门的审批环节，其执行规则与标准与预算编制过程相类似，可以有效提升资金使用效率，完善资产管理的监督流程。具体来看，资产购置环节的有序进行可从以下几点展开。

①资产购置的合理性。行政事业单位进行资产购置应该从自身需求出发，根据单位发展的现实需要提出资产购置申请，由主管部门进行审批，并根据预算标准核定资金使用规模和范围，也可根据资产管理过程中产生的问题或者新的需求加以动态调整。特别是在涉及经营性资产的管理上，需要加强资产购置的审批力度。

②资产购置的实际监管。除了上述审批环节的控制之外，在资产购置中还需要对实际购置行为加以监管，涉及标准的可操作性等人为因素，应该重点加强购置环节的人员素质培训和完善内部购置的规章制度，形成切实可行的资产购置规范流程。

（3）资产管理

行政事业性资产管理是预算、支出、资产管理"闭环系统"的核心。在实际运行中要坚持动态管理原则，针对资产的流动性较强以及资产类别的复杂性等，需要从实践中不断加以完善，以达到防止国有资产流失，降低资产运行风险，有效提供公共服务等目标。具体来看，资产管理的制度构建可以从以下几点展开。

①资产管理的动态调整。资产管理随着时间的变化会存在比较明显的流动性。要坚持将动态管理思维代入资产管理中，从资产的流向以及变动范围着手，及时调整管理理念，形成较为成熟的资产管理办法，并在实践中不断检验补充完善。此外，针对资产类别的复杂性，要充分利用预算编制的科目和标准，提出切实有效的资产管理操作流程。

②资产管理的内部控制。内部控制主要集中在人员和职能部门两个方面。在人员上，主要是规范资产使用内部规章制度的执行，加强人员素质

培训，提升资产管理人员的素质。在职能部门上，科学合理设置职能部门，明确资产管理的各个环节的职能权限。

（4）资产处置

行政事业性资产处置是一次循环的终端，但又引导着下一次循环的开始。资产处置阶段是每一项资产的归宿，如何处置好国有资产同样具有重要意义。行政事业单位在资产处置环节存在诸多问题，资产的报废、再利用以及收益管理都是需要关注的难点问题。

①资产报废。资产的报废处理需要形成一套完整的报废流程，还应该加强监管。单位针对资产报废的实际情况应严格按照规章制度执行，避免出现不合理的资产报废行为，造成国有资产流失和浪费现象。资产报废的流程可通过主管部门加以确定，在实际执行中设置必要的报备审批环节。

②资产再利用。资产再利用主要是针对闲置资产的管理。对于尚未达到报废标准，同时又无法产生收益的这一类资产，可以通过单位申请报备或者主管部门的管理，在资产处置系统中进行登记处置，有效实现再利用的目的，提高处置资产的实际效益。

③资产收益管理。资产收益管理同样存在两种类型。一是针对国有资产应有收益的管理，从经营性国有资产管理角度来看，应有收益的管理需要通过必要的流程重新进入资产管理的循环系统。二是对于超收收益的管理，可以根据实际情况，选择由主管部门进行必要的调配或由行政事业单位履行必要的审批流程后由本单位支配。

（三）事业单位资产管理创新路径

1. 推进行政事业性资产管理的法制化进程

（1）调整行政事业性资产范围和目的

我国行政事业单位经营性国有资产与非经营性国有资产概念的内涵和外延应进一步界定，继续深化行政事业性资产的分类管理，明确行政事业单位非经营性国有资产的公共性特征，切断具有公共品职能的行政事业单位非经营性资产过度追求市场化的渠道，切实满足人民群众对公共品的需求。同时，对于非行政单位提供行政管理职能、非事业单位提供服务职能所必需的资产和属于行政单位提供行政管理职能、事业单位提供服务职能但闲置的资产则可以推向市场，将所获得的收益反哺行政单位，提供行政管理职能、事业单位提供服务职能，形成"保障行政管理和公共服务—资产保值增值—提供更好的行政管理和公共服务"的良性循环。

（2）明确行政事业性资产权属关系

从我国行政事业性资产管理实践梳理可以发现，产权不清、所有权不明是国有资产管理乏力的根本原因，应进一步健全行政事业性资产法律法规体系，明确其产权的归属。

2. 创新行政事业性资产的实际管理方式

（1）明确行政事业性资产管理主体和职权

理顺行政事业性资产统一集中的管理体制。各级政府可考虑在省市县三级设立独立的"行政事业性资产管理部门"，对行政事业性资产实施综合管理，进一步明确行政事业性资产管理主体间的职权分工，形成"责、权、利相统一""管资产与管人、管事相结合"的新型行政事业性资产管理体制。

（2）加强行政事业性资产管理能力

增强行政事业性资产管理制度和人才力量。在行政事业性资产各个环节完善规章制度，实现资产管理"有法可依"。成立行政事业性资产管理的专门机构，增加懂专业、会管理和具备良好职业操守的专业型技术人员和管理复合型人员，统筹和负责行政事业性资产管理工作，促进行政事业性资产管理健康和良性发展。

（3）加强行政事业性资产动态管理

厘清行政事业性资产"家底"。在短期内做好行政事业性资产清产核资，对各级政府行政事业单位占有、使用的土地、固定资产、物资等进行全面清查，并形成可供查询的行政事业性资产数据库，不定期进行实物账簿与财务账簿核对，做到"账物相符"。长期，做好行政事业性资产清算，尤其是在行政事业单位改革、转制或资产大量调整时进行资产清算，防止改革、转制或资产大量调整时造成行政事业单位资产流失。

强化行政事业性资产使用管理。在日常使用中，应加强资产"物""账"管理，形成资产使用管理责任制，并要求行政事业单位常态化报送单位资产数据。在资产出租、出借中，必须按规定程序向财政部门提出申请，实行"收支两条线"管理。

严格行政事业性资产处置管理。在行政事业性资产处置中，应规范资产评估工作机制，严格按照资产处置流程进行审批，通过资产拍卖和转让等"阳光"渠道处置资产，提高资产处置的透明度，严格按照"收支两条线"的规定，有效防止国有资产流失。

健全行政事业性资产管理信息化建设。在做好行政事业性资产清产核资的基础上，充分利用行政事业性资产清产核资数据资料，建立行政事业性资产管理信息系统，实现资产从"入口"到"出口"的动态化、科学化和精细化管理，形成资产管理与预算管理、财务管理有效衔接的资产全过程动态监管。

3. 完善行政事业性资产管理的监管体系

（1）完善财务公开制度和内部审计制度

完善行政事业性资产财务公开制度。根据国家政务公开要求和财政预决算、"三公经费"等公开方式，定期进行行政事业性资产公开，推动行政事业性资产管理"透明化"，保障社会群众对行政事业单位资产的知情权、参与权、监督权。

健全行政事业性资产内部审计制度。根据财政部门内部控制制度相关要求，完善行政事业性资产内部审计制度，探索设立行政事业性资产独立内部审计部门行使独立审计权，并出具包含行政事业性资产占有、使用、处置、收益等全范围的独立的审计意见，确保行政事业性资产财务报告的真实完整。

（2）细化资产管理监督运行机制

提升行政事业性资产监督力度。通过对资产监督管理相关规章制度的宣传教育，提高行政事业单位主要负责人、具体资产管理人员对相关法律法规的严肃性和法律法规内容的认识，并将资产管理工作纳入资产管理相关人员的工作考核，使单位内部创建封闭式的监督机制并对外开放监督管理，改善资产监督管理模式。

提高行政事业性资产监督人员能力。加强领导干部行政事业性资产监督意识，明确行政事业单位党组织、行政负责人为本单位行政事业性资产监督第一责任人，使其担起资产监督的主导责任，对本单位行政事业性资产报告的真实、有效性负领导责任，对本单位行政事业性资产的保值增值负领导责任。提高行政事业性资产监督人员的业务水平和综合能力，通过加强学习和培训不断提高行政事业性资产监督人员的法律知识、业务技能、工作流程、信息化等方面的综合素质，提高行政事业性资产管理人员的执法能力，加强资产监督人员执行任务的独立性。

4. 细化行政事业性资产管理的绩效评价

（1）细化绩效评价的具体操作办法

探索建立行政事业性资产管理绩效评价制度体系。在《地方财政管理绩效综合评价方案》《关于全面实施预算绩效管理的意见》等基础上，根据行政事业性资产实际情况，探索制定《行政事业性资产管理绩效评价办法》等法律制度规范，实现与《政府采购法》等法律、法规的全面协调，同时制定《行政事业性资产管理绩效评价方法和工作程序》《行政事业性资产评估指南》等部门规章和我国的行政事业性资产政府会计标准，确保行政事业性资产管理绩效评价"有法可依"。

（2）建立绩效管理问责机制

行政事业性资产管理绩效评价制度体系的执行，还需建立行政事业性资产管理的绩效管理问责机制，实现"奖优罚劣"。尤其是对长期以来行政事业性资产管理绩效水平较差的单位实施惩罚措施，进而激励绩效水平较高的单位的资产管理积极性。因此，应当建立严格的行政事业性资产管理绩效机制，形成"绩效水平—单位利益—个人利益"联结机制，促进行政事业性资产管理绩效评价良好执行。

（3）构建绩效评价信息系统

以绩效评价管理模块等形式，构建包含行政事业性资产存量及其使用绩效在内的资产管理绩效评价信息系统，实现资产管理绩效评价信息公开透明继而强化监管，确保行政事业性资产管理绩效评价实现动态化管理。

5. 实现存量资产和增量资产管理的有效配置

（1）实现增量资产和存量资产的互补

存量管理的信息是增量投入的最好依据。应以加强存量管理作为增量投入的依据，通过对行政事业性存量资产的定期清点盘查，分析存量资产结构与所在行政单位履行行政管理职能、事业单位履行服务职能的情况，进一步完善行政事业单位自身资产结构。对于闲置资产，应分析其与所在行政单位履行行政管理职能、事业单位履行服务职能不匹配或其他的闲置原因，在以后年度不再针对此类资产编制购置预算。对于存量资产过多的行政事业单位，应根据其行政单位履行行政管理职能、事业单位履行服务职能的实际情况，采取资产处置、资产调拨等方式降低其资产存量，并在后续年度适当减少资产购置预算，督促其有效利用存量资产。

（2）完善增量资产内部审计制度

行政事业性增量资产审计是内部审计的重要组成部分，是内部审计部门独立地对建设项目全过程的管理、内控以及对财务收支及其他技术经济活动的真实性、合法性、效益性进行监督的行为。特别是针对事业单位出资企业的审计工作，要严格按照现代化企业管理的方式，从企业产权登记着手，严格把控经营性资产增量部分的审计工作。

（3）盘活存量，用好增量

行政事业单位应稳步盘活存量资产，逐步提高增量资产的使用绩效，进而实现资源共享共用和资源优化的目标。应形成同级行政事业性资产管理框架下的存量资产调剂机制，探索设立大型（贵重）设备、精密仪器等存量资产"共管共用"平台。利用行政事业性资产信息系统，针对过剩的存量资产加强行政事业单位间的调剂、调拨使用，加强对不同单位的存量资产的优化调整，实时监控存量资产的报废处置情况等。

6. 健全行政事业性资产的预算管理制度

（1）推进全口径预算管理

推进行政事业单位全口径预算管理，切实反映出国有资产管理的实际情况，要做好行政事业单位预算与一般公共预算的统筹衔接，严格执行预算管理制度，提高行政事业单位预算管理的科学合理性。通过切实指导年度预算编制，深入实施中期财政规划管理，提高行政事业单位预算的规范性。进一步研究跨年度预算平衡机制，结合存量资产与增量资产的管理方法，实现共享共用。推进预算公开的有序进行，严格规范超收收入的使用管理，提高预算透明度。

（2）实现预算科目的标准科学管理

预算科目的标准应该符合行政事业单位的现实，在预算编制过程中体现预算科目设置的科学合理性，需要切实把握行政事业性资产管理的详细分类，应该充分考虑其较为复杂的收支项目，在预算编制中加以体现，实现动态化标准管理机制。如江苏省实施的通用资产配置标准中就明确规定了3大类、16大项、34小项，并根据实际运行情况进行动态调整。

（3）完善预算编制和执行制度

在预算编制制度上，行政事业单位应严格按照零基预算的规定逐项开展行政事业性资产预算编制工作，细化每一笔行政事业性资产预算支出的用途，量化到行政事业性资产各项项目，落实行政事业性资产预算执行部门和相关人员。在预算管理程序上，通过当前与中长期有效结合、优化存量与新增配置，促进行政事业性资产预算程序达到科学、先进水平，提高行政事业性资产预算管理能力，提升单位资产的使用效率。在预算编制监督上，应进一步明确行政事业性资产监督人员的岗位职责，规范行政事业性资产预算编制程序和内容，有效完成资产预算编制监督的执行任务。

（4）强化预算管理的约束力

行政事业单位应严格执行各级人民代表大会及其常委会批准的行政事业性资产预算安排，严控行政事业性资产预算调整和调剂事项，强化行政事业性资产预算单位的主体责任。特别是目前我国事业单位的预算执行情况存在较大随意性，主管部门应该加强事业单位预算执行的监管，特别是对于年度预算编制的切实执行情况，应该加强执行监督和决算审查工作。

第六章 经济新常态下科学构建事业单位内部控制体系的创新路径

行政事业单位内部控制是一个控制流程、机制与制度的体系，建立该体系的目的是杜绝舞弊、浪费、滥用职权、管理不当等行为，保证行政事业单位有效履行公共责任。行政事业单位的收入基本来源于财政资金，然而近年来，我国财政支出中行政事业支出浪费惊人，存在行政管理费用支出过大、支出结构不合理、损失浪费严重等诸多不合理现象。这在很大程度上是源于行政事业单位的内部控制建设相对滞后。这种状况制约了行政事业单位的工作效率，对我国经济的快速发展与社会主义和谐社会的构建造成极为不利的影响，因此必须加强和完善我国行政事业单位的内部控制，科学构建行政事业单位的内部控制体系。

一、主要内容

（一）内部控制相关理论概述

1. 内部控制的内涵

（1）内部控制概念

内部控制是指各个经济单位主体在参与经济活动的过程中形成的具有制约性质的职责分工制度和组织形式，也是为了实现经济主体的目标，由董事会、管理层、员工共同参与制定与实施的控制活动。内部控制在最早期是为了加强经济的管理，随后伴随着经济的发展而不断完善。最早的控制聚焦于保护经济主体的财产安全性和会计的可靠性，主要是对钱物分管、手续程序、会计复核等方面进行控制。生产规模的不断扩大意味着商品经济的发展，这也对内部控制提出了更高的要求，因此形成了包含控制环境、风险评估、控制活动、信息与沟通、内部监督的内部控制管理系统。

（2）内部控制要素

内部控制由五种要素组成。其中，控制环境作为基础性要素，是其他要素的基础。如果经济主体缺少对环境的控制，那么其他要素也无法发挥作用，这直接导致经济主体的目标无法实现。控制活动、信息与沟通、风险评估是内控体系的重组成部分，内部监督要素则保证各要素的合理与规范，以便更好地实现目标。

①控制环境。控制环境是指影响经济主体的内控制度和各项活动的因素的集合，主要包含管理组织的设立、企业文化、权责分配与制衡，内部审计制度等多项内容。控制环境具有基础性作用，是其他要素的前提，也是实现内控目标的有效保障。经济主体的各项控制活动都从控制环境开始，并将其作为立足点，由此建立覆盖所有部门和员工的内部控制体系。

②风险评估。风险评估主要是经济主体为了明晰业务活动中可能存在的各种风险及影响程度而实施的一种内控活动。它是实施控制活动的前提，能够有效应对和防范企业风险。由此可见，风险评估对实现内控目标具有至关重要的作用。无论经济主体以何种形式存在，处在何种行业，在开展业务活动时都存在多种潜在的风险。所以必须结合内外部实际情况，通过全面分析和评估自身的风险并采取有针对性的措施加以应对和防范。

③控制活动。在风险评估后，各经济主体会依据评价产生的结果采取具有针对性的策略应对各种风险，并制定科学有效的政策和制度实现最终的管理目标。该项活动涉及经济主体的方方面面，参与者包含所有的部门和人员，每个成员都必须认真开展此项工作。在实施过程中可以采用多种方法和措施，主要包括绩效考核、处理信息、权责分离等。

④信息与沟通。信息与沟通是指通过收集、整理和归纳与管理活动相关的信息，并做好及时的信息传递和更新工作，以此实现企业内部资源信息共享，并为内部控制工作提供参考性的指导。在开展经营业务和活动时，经济主体需要收集、整理和分析各类信息，并通过多种沟通形式明确职责。

⑤内部监督。内部监督是指存在于经济主体内部的监督，通过建立和实施科学有效的监督体系管理和控制各项经济活动。该项要素主要检验和

监督内部控制的合理性、规范性、科学性，通过监督得到对企业的检测结果，采用内控报告的方式提交结果并提出改进建议。内部监督是其他要素发挥作用的保障，所以企业必须发挥内部监督的作用。

（3）内部控制的特征

内部控制的特征包括以下五方面。

①全面性。即全面控制经济主体的一切经济业务活动，不仅包括控制资产、财务、人事、会计等制度的执行情况，还包括对各种业务工作进行分析和研究，并提出改进意见。

②经常性。即内部控制活动涉及日常性的经济业务活动和和经常性的管理职能检查与考核，不属于突击性和阶段性工作。

③潜在性。即内控行为与日常管理活动密切联系在一起，前者隐藏融汇于后者，不能把二者割裂开来。不论执行何种业务、何种管理方式，都会存在潜在的控制行为。

④关联性。即经济主体的任何内部控制都是密切关联的，一种控制行为是否实施成功直接影响另一种行为。与此同时，一种内部控制行为的设立可能会使另一种行为加强、减弱或取消。

⑤局限性。即无法改变生性不良之管理者并使之变好；无法保证企业永续生存，保持持续发展的状态；无法保证人为错误或失误及由于自身局限性导致的判断错误；无法完全杜绝串标、围标和集体勾结；虽然风险评估结果反映事实，但资源受限。

2. 内部控制的基础理论

（1）内部控制的原理

内部控制理论的原理，主要是互相牵制、职权分离、相互制衡的原理。在企业内不由管理层直接管辖的部门里，为了防止造假账和贪污事件的发生，要设置多个职权分离而同时又相互牵制的岗位和工作人员，这些岗位和工作人员能够互相监督又互相制约、制衡。通俗讲，企业的账不能由一个人做，企业一个部门的各项权力也不能由一个人掌握。20世纪70年代时期，西方经济管理学界提出：在企业的每个经济岗位都应该以"不信任"的思想作为前提，建立起不同岗位之间、不同工作人员之间的内部监督、牵制、制衡的制度，从而发展为企业的内部控制制度。20世纪70年代以后，西方国家的社会经济发生了一系列重大变化。西方国家企业的内部结构也发生了变化，20世纪90年代发生了震惊世界的"安然公司破产案"，因此控制公司经营风险的思想成为企业管理内部控制学界的共识，与此相适应的基于全方位控制思想的内部控制框架理论日益成型。

（2）内部控制制度的目标、原则和方法

1）内部控制的目标

内部控制的目标有二：基本目标和具体目标。内部控制的基本目标，当然也是企业所追求的终极目标。这个目标简而言之，可以高度概括为两化，即实现企业发展的可持续化和企业利益的最大化。内部控制的具体目标即为上述内部控制基本目标的详细化和具体化。其具体内容主要包括以下四个方面：其一是要确保企业财务报告的完整、真实、可靠，不造假账，防止生产错误和企业内部人员舞弊的情况。其二是确保企业资产不流失，保持安全、完整状态。其三是有效提高企业的经营管理水平，有效提升企业的经营效益、效率以及企业的经营管理效果。其四是企业的各项活动能够遵守国家的法律、法规，遵守行业监管的规章制度，符合企业的内部各项管理制度。

2）内部控制的基本原则

①全面性原则。内部控制应将企业的各项经营业务、企业的各个部门和企业的各级工作人员全部覆盖起来，并有效地渗入企业事务决策、事务执行、事务监督、事务反馈等所有企业经营环节，即要实行全过程、全员性的控制，不能留有控制的空白点或控制死角。

②相互制衡原则。内部控制应当确保企业内部的各个机构、各个岗位及其对应职责权限范围的科学合理设置和科学合理分工，不相容的职务一定要分离开来，保证将其设置成权责清晰分明、能够相互监督、能够相互制约的企业内不同的机构和不同的岗位。

③不同的岗位的分工与合作原则。在企业内部控制运行过程中，首先需要针对企业的经营需要设置不同岗位，进行分工，每个岗位均有明确的职责权限。这种企业内的分工有利有弊，有利的一方面是企业管理更专业化，有效提高了工作效率，有弊另一方面是造成各个岗位之间的隔阂和可能生产工作上的相互推诿扯皮。因此既要有分工又要有合作，各个部门和岗位

127

必须在分工基础上能够相互密切配合。

　　D. 成本效益原则。企业内部控制的所有制度都符合成本效益这一重大原则。企业应当调动内部各个部门、各个岗位和所有员工的工作积极性，尽最大可能降低企业的经营运作的各项成本，确保企业以合理的甚至是最低的企业内部控制成本达到最好的内部控制效果。

　　E. 时效性原则。企业内外经营环境是不断发展变化的，随着这些变化，企业原有的内部控制效果有可能降低甚至失效。因此，企业应对现有的内部控制制度适时地进行评估，不断进行调整、改进，使内部控制能够与时俱进，以取得良好的效果。

　　F. 责权对称原则。在内部控制中，企业要需要根据岗位分工情况，清晰明确地确定每个岗位和每个员工的工作职责和工作权限，确定完成本岗位工作职责能得到的相应利益，或不能完成本岗位工作职责时会受到的惩罚。

　　G. 制度为本原则。在内部控制中，要坚持制度为本、制度至上的管理原则，要把企业的各项良好目标的实现建立在完善的制度之上，一切按制度来，严格执行制度。

　　H. 内部控制与外部控制相结合原则。外部控制主要是指由注册会计师审计所形成的监督制度。除了内部控制外，还应该进行定期的外部审计监督活动，并能将企业的内部控制和来自外部的严格审计监督有效地结合起来[①]。

　　③内部控制的方法

　　A. 内部控制的控制环节

　　a. 控制标准的设定。在内部控制中，要设置明确的控制标准。该控制标准能够指导企业员工的工作行为，还是各个岗位的技术要求。企业内每个岗位、每个员工都应按照相应的控制标准从事自己的生产和管理工作。

　　b. 对控制标准的执行。控制标准设定后，各个岗位、所有员工都必须无条件地、坚决地执行该控制标准，绝不能随意改动控制标准。在执行控

[①] 查道林，马晓霞，朱明. 我国高校教育成本核算方法探讨[J]. 财会月刊，2008（08）：54-55.

制标准时，有可能会出现有关的控制标准与实际情况不一致、相脱节的情况，或是出现按照控制标准的程序工作却无法开展相关业务的情况，这时要按照事先定好的处理工作程序进行处理。

c. 结果与差异分析。在执行内部控制制度时，有时会发生一些实际结果与当初内部控制制度所设定的标准不符的情况，这就是所谓的差异。当出现差异时，应予以分析，要确定出现差异的原因，可能的原因为：制度是没问题的、完备的，但却没有严格按照制度规定的要求执行；实际情况已经发生了变化，而内部控制制度要求却没有跟上，已经过时。对于前者，要认真追究执行人的相应责任；对于后者，要与时俱进，及时修改相关的制度。

d. 反馈与纠正。应对内部控制效果进行及时的评估、分析和总结，尤其重点分析那些失控的环节，找出失控的原因和提出相应的改进方法，以纠正内部控制的不足之处，以取得更好的内部控制效果[①]。

上述四个内部控制环节，构成了一个完整的而缜密的控制过程或者叫控制循环。通过该控制循环，可使管理控制更加健全和完善，很好地运行该控制循环，则可实现企业设定的经营和管理目标。

B. 内部控制的基本方式

控制方式或方法是指为完成企业的内部控制任务、达到内部控制目的而相应采用的方法和手段。欲通过内部控制而较好地实现控制目的，可以使用多种具体方法。按照每个控制方式所针对的控制对象以及控制方法所具有的基本特征来归类，控制方法大致可以归结为以下十一种：组织规划控制；授权批准控制；全面预算控制；文件记录控制；实物保护控制；职工素质控制；风险防范控制；内部报告控制；电算化系统控制；内部审计控制；会计系统控制[②]。

3. 财务内部控制的基础理论

（1）财务内部控制的目标

财务内部的控制有以下五个目标：确保国家法律法规和企业内部规章制度的贯彻执行；保证企业经营管理目标的实现；保证企业资产的安全完

---

① 李海波，刘学华. 新编预算会计[M]. 上海：立信会计出版社，2011：223.
② 赵勤. 高校教育成本计量探讨[J]. 财会通信·理财，2012（01）.

整；提高会计信息质量，保证会计资料真实完整；保证企业能及时发现风险并控制风险。

（2）财务内部控制的原则

①合法性原则。是指设计的财务内部控制制度，要符合相关的法律法规，不能违法、违规，不能通过内部控制来从事违法甚至犯罪行为，或通过内部控制来躲避国家法律、法规的管理监督。

②合理性原则。应针对财务的规模和财务管理水平，设计规划出符合实际财务内部控制操作情况、具有较强的可操作性、控制成本较低的财务内部控制制度。

③审慎性原则。财务内部控制的核心是有效防范各种财务风险，如贪污、舞弊、亏损、诈骗等，制定财务内部控制制度应本着防范风险、审慎经营的原则。

④系统化原则。在进行财务内部控制制度设计时要登高望远、统筹兼顾，将财务内部控制覆盖到经营管理各个业务部门的各项业务和各个环节，覆盖单位所有的部门和岗位，对经营的全过程进行有效的控制[1]。

（3）财务控制的分类

①按照控制的功能，财务控制可以划分为：全面控制、重点控制、平衡控制和适应控制。

全面控制就是要保证在财务中的所有业务流程和环节都有基本的内部控制制度的制约，保证内部控制制度的全覆盖。同时结合单位的实际规模，安排专业人员对内部控制活动的开展质量进行监督，对整个经济活动的全过程进行自始至终的监督和控制，保证内部控制管理工作全面开展的同时，还能及时发现开展中存在的问题。

重点控制就是对重要的经济活动和有重大风险的经济活动实行更加严格的内部控制制度，杜绝在重大经济活动中出现重大的财务漏洞和财务风险。

平衡控制就是在制定内部控制制度的时候，要保证控制的严密程度与工作业务效率相平衡，尤其在现在许多行政事业单位都在推行服务型机构，

---

[1] 安林. 高校财务管理存在的问题与对策研究 [D]. 哈尔滨理工大学，2009：10.

提高服务效率，那么如果要提高服务效率，一个最主要的手段就是简化业务办理和审批流程，这个在一定程度上就会与内部控制相矛盾，所以就要在这两者之间找出一个平衡点，达到平衡控制。

适应控制就是内部控制制度要随着社会政治经济、国家法律法规、政策、制度等外部环境、内部发展战略目标以及单位业务职能的调整、内部管理的要求等内部环境的变化等因素不断变化而进行调整，对内部控制制度不断修订和完善。

②按照控制的时间可划分为：事前、事中、事后三个时间节点。

事前控制就是首先建立一套严格的内控规章制度，即与资金管理、预算管理、授权审批等经济业务相关的制度。在管理过程中，要合理设置职能部门，明确各部门的职责，充分考虑不兼容职务和相互分离的制衡要求。各部门、各岗位应形成相互制约、相互监督的格局。另外，还应当建立严格的审批手续，授权批准制度。明确审批人对资金业务的授权批准方式、权限、程序、责任和相关控制措施，规定经办人办理资金业务的职责范围和工作要求。

事中控制主要体现为保障货币资金安全，控制资金流向，应使暂付款事项真实可靠，资产出入库管理严密，保证新购入资产实物与票据内容相一致。

事后控制就是经济业务完成之后，内部审计监督部门应有相应的监督程序，将例行审计与专项审计相结合，按照一定比例对一定时期内的经济业务活动进行抽查，及时发现问题，找出财务内部控制中的薄弱环节，有效避免类似问题重复发生，保障单位集体和个人的利益不受损失。

（4）财务内部控制的方式

①目标控制。是指应根据不同的多样的层次，制定明确而详细的财务内部控制目标，并由专门部门对财务内部控制执行过程和结果进行有效的监督和检查，然后进行信息反馈和财务内部控制调节的调控方式。

②授权控制。是指单位授权各有关岗位开展相关活动，有关单位或岗位获得授权才能处理相关的经济业务。

③不相容职务分离控制。经济活动有授权、核准、执行、记录、审查等多个步骤，这些经济活动的步骤应属于不相容的职务，为防止贪污、舞

弊等行为发生，这些不相容的职务应分别由不同的人员或不同部门去实施。

④文件记录控制。文件记录是财务内部控制的重要因素之一，健全完整的文件记录是实施其他各项控制的有效保证。

⑤资产与记录保护控制。主要是指要坚持重要资产与记录保密的原则，限制无关人员接近资产和接近重要记录，以保证这些重要资产和记录的相对安全。它的具体方式有两种，其一是接触控制，其二是盘点控制。

⑥独立稽查控制。独立稽查是指由有关部门中充分独立的人员验证、检查与复核另一人员或部门执行工作是否正确的方法。通过内部独立稽查，可以及时执行部门或人员的错误或舞弊，有效地防范财务风险[①]。

（二）事业单位内部控制的相关理论

1. 事业单位内部控制的定义、目标和原则

（1）事业单位内部控制的定义

事业单位内部控制：是指政府相关单位为实现其公共职能及业务目标，制定制度、实施措施和执行，对所产生的经济活动进行防范和监管、控制。

事业单位内部控制规范：由中华人民共和国财政部制定并印发的规范性文件，其主要目的是进一步提高单位内部管理水平，规范、健全内部控制体系，进一步加强廉政风险防控机制建设。

（2）事业单位内控目标

比较企业中的内部控制，行政事业单位内控的目标不再以获益为最终目标，主要将重心放在以下几项：

①管理和服务活动的合法合规性

②所属资产或部分经济活动的安全性

③所得报表信息、数据的真实、有效、完整

④提高工作效率，增加服务产生效果

⑤排除影响单位发展的阻碍

（3）行政事业单位内部控制原则

根据《行政事业单位内部控制规范（试行）》，行政事业单位的内控

[①] 财政部事业单位财务规则讲座编写组. 事业单位财务规则讲座[M]. 北京：测绘出版社，2011：36.

建设必须遵循以下几项原则：

全面：内部控制所有环节中，若有一个环节没有发挥应有的作用，就会导致其他的内控建设失效，所以内部控制建设应全过程参与，也要覆盖单位的各种业务和事项。

重要：单位不同则重点不同，科室不同则侧重方向不同，在内控建设过程中应当对重要的方向有所倾斜，并且要重点照顾高风险的领域或方面。

制衡：主要是对权力的制衡，而在行政事业单位内部控制建设首先应是防范风险，其次才是对运营效率的提升。

适应：随着时代的进步，公众的需求不断提升，对党对政府的期望不断提高，行政事业单位也应该不断与时俱进、提高自己，让自己符合大时代背景的需求，所以内部控制必然要随之不断进行调整，以符合当下。

成效：主要是指成本与效益，这里有别于企业，更多的是指运营成本及更新硬件成本、所能提高的效率与获得的社会效益。

2. 风险评估和控制方法

（1）风险评估

近年来，行政事业单位的财务管理伴随着一系列财政体制改革，例如公务卡结算制度、国库集中支付制度、政府采购制度等，这些体制改革的实施，在很大程度上规范了行政事业单位内部的财务管理，有效提高了其经济活动中的合法性。但就部分单位内部而言，还是存在着管理制度不完善、监督不到位的问题。因此在进行内控建设的过程中，行政事业单位应未雨绸缪，对未知因素提前预判，做到心中有数。同时结合自身实际情况，对自身可能面临的风险进行定性和定量分析，综合多方面因素匹配出一套适用于自己的风险评价指标体系。一般来说，行政事业单位的风险评估包括单位管理和经济业务活动两个层次。单位层次的风险评估包含行政事业单位所承担的公共职能、在内控方面的体系建设、内部业务部门及关键岗位的相互配合及监督等方面。业务层次的风险评估包含年度预算的编制管理、单位收支业务的审批监控、政府采购的合规与监管、内部资产的动态化管理、建设项目的严格管控以及合同签订履行等的把关控制。

（2）控制方法

行政事业单位想要在内部控制建设方面有所突破，首先是要摆脱旧思想的束缚。只有让内控意识自上而下地深入单位内部，人人知晓其重要性，人人敬畏其严肃性，才能为优质的内控建设铺设基础。在思想观念统一后，可以从多方面着手，运用多种控制方法实施内控：开展培训，强化基础工作；设立专岗，完善内部审计；建立预算制度，加强预算控制；设置岗位分离，形成约束机制；及时公开信息，接受外部监督等等。需要注意的是，所制定出的控制方法并不能一劳永逸，随着内外部环境的不断变化，行政事业单位的具体控制方法也应随之调整，以适应新的形势。

3. 单位层面内部控制

单位层面的内部控制，首先考虑的是职能部门的有效划分与建设。与企业相比较，行政事业单位内部职能部门大多依据其公共职能划分，对于主要业务科室以外部门的划分往往不甚详细。为此，行政事业单位首先应当分设内控建设所需要的不同职能部门，在日常的管理职能之外，专门服务于内控的建设。例如有的行政事业单位设立内部审计部门，负责对财务运行的监管；有的行政事业单位设立纪检监察部门，负责对纪律及规章的监察。这些部门的设立都能够有效的为内控的顺利执行提供相应保障。与此同时，行政事业单位需要重点关注以下四个领域的控制。

（1）人员控制

人员控制，是单位层面内部控制的重中之重。首先，在人员的选用上，行政事业单位要考虑其整体素质，如有无良好的道德修养、是否具有相应专业技能、能否胜任此项工作。在人员的选择与聘用上把好关，才能从源头上减少人员控制的缺失。其次，行政事业单位应当持续关注人员的后期培养与发展，结合自身的发展更新其岗位认知、提升其业务技能，并通过一系列措施不断提高业务人员的能力和素质。

（2）制度控制

针对单位已经建立起的各项制度，应重新梳理分析，对于已经不合时宜、不符合当今情况的制度及时修改完善，对于前所未有而现在却经常出现的新状况，及时在制度层面进行补充完善。目前大多数行政事业单位都存在重运行轻内控的现状，对于尚未建立内控制度的单位，应根据自身情况建立起一套完整的内控制度以及决策机制，为进一步开展内控活动做出制度支撑。

（3）流程控制

在流程控制方面，需要加强内部控制信息化建设。信息化的合理运用，能够极大地提高工作效率，同时有效减少人为因素的影响及干扰。多数行政事业单位都已将财务软件及资产管理系统引入单位应用，但对于内部控制信息系统的应用少之又少。因此，行政事业单位应加大内部控制信息化建设，充分利用现有的科学技术，进行相关软硬件配置及计算机相关人员配备，将自身的业务活动及控制活动同信息系统相融合，更好地完善流程控制。

（4）职责控制

细观人员配备，具体岗位的职责控制不容忽视。在职责控制方面，除了岗位应遵循不相容原则，还要设置不同岗位的轮岗，特别是内部控制关键岗位的轮岗制度，确保同一人员在同一岗位上不发生舞弊行为。

4. 业务层面内部控制

业务层面的内部控制，包含年度预算的编制管理、单位收支业务的审批监控、政府采购的合规与监管、内部资产的动态化管理、建设项目的严格管控以及合同签订履行等的把关控制等。

（1）预算业务控制

预算业务控制要求单位完善相关工作流程，在遵循岗位不相容原则的基础上，对预算进行事中监督、事后分析考核，进一步提高单位预算的合理性和准确性，同时尽可能去发现预算编制中存在的风险和漏洞。此外，行政事业单位应明确预算与决算的紧密相关性，合理进行预决算管理，及时公开预决算信息，使两者相互依托、有效呼应。

（2）收支业务控制

此项控制要求单位严格执行"收支两条线"管理制度。单位应实行公务卡结算，制定合理的补贴、差旅费、会议费开支标准。同时，严格把关大额支出，杜绝不合规票据入账。对于单位的专项资金应建立专户，对其使用建立并实施绩效跟踪评价制度，确保专款专用。

（3）政府采购业务控制

政府采购是指单位按照国家财政政策规定达到一定标准后由政府统一集中采购。政府采购向来是行政事业单位内部控制关注的重点及难点。政

135

府采购业务控制要求单位应加强对自身采购业务的各个环节的管理,确保采购信息和财务信息真实完整,保证单位采购活动的合规合法、顺利进行。

(4)资产控制

资产控制在行政事业单位主要是对固定资产的控制,以及对相关货币资金、无形资产的控制。此项控制要求单位遵守资产管理相关制度情况下实现资产的归口管理,及时进行资产清查,对于账实不符的情况及时汇报处理,实现资产的动态化管理,保证资产安全有效使用。同时,单位还需要对相关货币资金、无形资产等进行内部控制。此外,应按照规定处置资产,防止国有资产流失。

(5)建设项目控制

建设项目控制要求单位建立有效的招标控制机制,设置专门的岗位进行控制,保证项目从立项到实施最后到竣工都有效进行。此外,单位应严格履行审核审批程序,加强支付环节管理,加强参与项目建设的不同部门的协调沟通,在建设项目竣工后进行及时决算和审计,有效减少项目资金被截留、挪用、挤占的情况发生。

(6)合同控制

合同业务发生于行政事业单位经济活动的方方面面,许多业务的开展、职能的发挥都需要涉及合同的控制。合同控制一方面要求单位明确合同管理归口职责,另一方面要求单位在合同的签订以及履行方面合规合法,对整个过程实施有效监控,同时做好合同相关信息的安全保密工作,保证业务和合同的合规性及安全性。

(三)事业单位内部控制的必要性和可行性

1. 事业单位内部控制的特点

内部控制起先多服务于企业,是为了榨取更大的利益;而现如今,内部控制开始扩大应用,与企业相比,行政事业单位的内部控制不再是以获得最大利益为主,又有了新的特点与目标。

(1)目标差异

行政事业单位是不以营利为目的,所以内部控制的目标是提高为社会或所在领域服务的效率与效果,并对经济活动进行监管。

（2）原则差异

因为行政事业单位的特殊性——以服务为主，所以不存在营利，从而对成本效益原则有很大的弱化，日常的财务管理中也较少考虑成本、费用等因素，但是相对的也加大了内部控制监督比重。

（3）范围广泛

行政事业单位内部控制建设涉及的范围不仅包括单位管理层面和会计层面，更应扩展至机关本身及其下属二级机构等的公共职能与业务流程中的监督与控制。

（4）财务体系复杂

行政事业单位财务核算包括两个方面，一是非营利组织会计核算、二是附属单位的财务核算，体系相对来说比较繁杂。

（5）重视程度低

行政事业单位的主要目的是服务，所以他们的重心落在获得更多的社会声望上，更看重社会效益，所以有时候会将其他放在后面，导致内控建设有时候会形同虚设。另外缺乏完善的权力约束机制，多数单位领导不愿意或者无法真正重视此项建设。

（6）监督不同

行政事业单位的监督仅仅是公对公及自查，比较受时局的影响。

2. 事业单位内部控制的必要性

为更好地适应进一步完善的社会主义特色体制和国家不断发展的治理需要，行政事业单位的内部控制建设的必要性日益突显。

①有效预防贪污腐败是行政事业单位内部控制的目标之一。

②增强风险防控能力、保证所得数据真实、提升管理水平是现在内部控制建设的目的。

③事业单位内部控制建设是发展的需要、法规的要求。

3. 事业单位内部控制的可行性

从内部控制框架的定义出发可以进行套用分析：单位事业与企业的内部管理中，都有一个目标，都是为了不断发展，都要求提高工作效率，尽可能降低风险，都需要便于监管与审计。现在对于行政事业单位内部控制建设的可行性进行一些具体的分析，如下：

(1)组织结构类似

行政事业单位有与企业近似的塔式组织成员结构框架，都需要比较稳定的标准、规范。

(2)目标明确

虽然行政事业单位不似企业追求利益，但是也有各自比较明确的目标，而内部控制的目标都是为了其所追求的目标所设定的。

(3)风险评估

企业与行政事业单位的目标明确后，为了达到既定目标，其风险评估均是相当重要的，对颠覆性的风险都亟须规避，对一般的风险也需要进行一些评估工作。

(4)控制方式相似

行政事业单位及企业在一般的管理、发展过程中都存在多种控制、制衡的活动，例如：岗位不相容、权职分离、授权制、预算控制等。

(5)都需要评价、监督及与时俱进的发展

与时俱进是当下大时代背景下的发展根本，无论企业还是行政事业单位，为了保证发展的有益性，效率性评价与监督可以起到很好的导向作用，并且对于行政事业而言更能促进防贪污腐败工作的展开。

(四)事业单位内部控制现状及问题分析

1. 行政事业单位内部控制现状

(1)风险评估现状

十党的八大以来，习近平站在党和国家工作全局的高度，深刻强调了要进行党风廉政建设和反腐败斗争。我国行政事业单位积极响应号召，开始了单位内部的风险防控工作。在单位层面领导班子做到公正廉洁，各部门人员权责分离，在业务层面通过制定内控制度或者编写工作手册等方式防范风险，将风险意识贯彻落实到单位每个人、每项工作里。但在政策具体落实过程中，由于单位信息的不对称和闭塞，业务流程中存在的风险难以很好地识别防范，制定出的文件手册具有局限性，经常流于制度表面从而难以运行。很多行政事业单位对风险评估并不重视，大多未成立风险评估小组，仅依靠财务部门进行资金运转和控制。在廉政风险防控中，单位在内、外部监督上存在不足，未制定适合单位实际情况的防控舞弊相关规定，或制定了但未及时落实和执行，并没有形成长效机制，做到定期定量进行风险评估工作。

（2）单位层面内部控制现状

自2012年11月财政部印发《行政事业单位内部控制规范（试行）》通知，近几年各单位都开始有了风险防控和内部控制的意识，虽然行政事业单位的内控建设在大力推行，也有了具体的法律法规基础以及基本指导章程，但从控制制度到实际落实则还需要不少的时间。由于制度规范没有明确的模板，行政事业单位实现权力制衡及提高公共服务效率都还有所不足。同时由于单位规模、经营情况不同，防控力度也大相径庭，单位的垂直结构很难得到改善和优化控制。各单位未建立健全内部控制信息化系统，大多数单位的预算、财务等工作软件较全，然而分散到了单位的各个模块，各模块之间相互联结的单位少之又少，总体而言，"防范舞弊"和"提高公共服务效率"的功能实现程度较弱。

（3）业务层面内部控制现状

单位内部的业务层面控制的六大业务具体有：预算业务、收支业务、资产业务、建设项目、采购业务及合同业务。这些内容展现了单位的经济活动之间的联系和纽带。如今行政事业单位对经济活动的内部控制主要依托单位内的纪检监察委员会或者财务审计部实施，业务流程上存在内部控制和风险管控不力的情况，例如在政府采购上，从核实采购预算、采购执行、采购验收、采购支付、采购评价再到采购预算调整这个业务循环，存在供应商选择不谨慎、验收环节重视度不足、对评价环节不重视的情况；有些单位没有对采购环节进行全覆盖，没有形成闭环，监督和控制的意识不够，事前和事后的控制不足。业务的实施缺陷体现出大多数的行政事业单位内部控制缺乏专业性和严谨性，难以实现行政事业单位内部控制目标要求。

2. 事业单位内部控制问题及原因分析

（1）内控理念重视度不足

内部控制不等同于内部会计控制，单位仅仅对财务部门的业务活动加以规范，缺乏业务部门的配合及领导层的重视，经常导致会计控制失效，权责划分不清，内部控制规定难以落实的现象发生。单位资金、预算等活动存在的风险未进行规范，风险事项控制积极性不高，滥用职权、资金使用效率低下、配置不合理等风险时常发生。内部控制意识作为内部控制环境中的重要内容，是确保内部控制制度的实施第一要素，领导层只有以身作则重视内控建设，形成内部控制的环境，单位成员才具备执行内控制度的动力。

行政事业单位不仅在思想上对内部控制的重视程度不足，同时疏于了解自身发展现状，上级单位的监管往往形式化，从而使得内控执行度很差。行政事业单位对于日常工作中出现的风险及漏洞，未能及时进行流程的优化升级，在单位内部日常问题层出不穷时听之任之，缺乏主动性思考能力，因此，这些问题对于行政事业单位职能履行有着不同程度的影响。行政事业单位在思想上重视内控，切实制定具体措施并落到实处，是保障行政事业单位内部经营管理高效的前提条件。

（2）内控措施落实不到位

行政事业单位内部控制工作上存在以下几点问题，一是单位未建立健全覆盖单位业务环节及人员的内部控制制度，例如收支业务工作中，使用穿行测试可以很好地跟踪业务的全流程运行情况，识别关键风险点，然而由于票据的权限管理，收支过程统一的规范设定等方面的漏洞，会产生相关的舞弊及偷税漏税风险。二是监督规范力量不足，单位内部控制制度的执行力度较差，比如说预算管理、会计控制等等。内控措施的落实与实施，可以规范工作运营的路线，对风险进行防范和规避，合理规划资金用途，切实保障社会稳定、人民幸福。三是单位业务人员专业能力有限，对内部控制内容不熟悉，无法贯彻执行内控制度及措施。内部控制是对人、财、物全方位的管理，需要适应性强的工作机制来保障内部管理的效率和效果。所以人力资源的使用，会计数据的掌握以及信息系统的完善建立对措施的制定和落实都将会产生一定的影响。

（3）内控管理监督有局限

行政事业单位内部监督的局限性体现为监督力量缺乏独立性及权威性。从单位内部考虑，内部审计是单位内控管理的主要形式。然而内审人员缺乏独立性，不可避免地要考虑自己所在部门的利益，同时行政事业单位人员的任免比较麻烦，内部抱团形式严重，对于存在业务风险或控制漏洞的现象，单位重视度不高，因此内部审计无法展示其公正的审查结果，对单位内控建设的影响较小。

长期以来，我国行政事业单位外部监督力量较薄弱。由于行政事业单位有强大的税收收入作为后盾，资金充沛，通常银行不会考虑行政事业单位的信用及借贷风险，而社会公众了解行政事业单位信息的渠道有限，存在信息不对称现象，无法对相应的行政事业单位运营管理及内部控制情况进行监督。

（4）业务控制工作较薄弱

行政事业单位六大业务方面的工作内容较复杂，业务部门不具有内部控制的能力。例如，单位的预算编制不够科学、精细，刚性不强。单位资金来源于财政拨款，在预算申报环节审查不严，预算实际执行比例未能及时反馈，导致在单位正常业务运行中出现虚增支出、预算追加等情况，这些漏洞在行政事业单位收支业务、政府采购的内部控制过程中频频出现，实报实销等环节未能根据相关制度、规定落实，导致单位效率低下，员工积极性不高。资产管理在行政事业单位内控中也尤为重要，但是单位固定资产的管理仅仅关注前期的采购控制，防止出现资源浪费的现象，而忽视了资产后期的使用管理与评价反馈，未建立健全相应的资产管理机制，忽略应定期对固定资产进行盘点和价值评估等，这些现象的出现给行政事业单位的内部控制建设发展带来了一定程度的挑战。

二、创新路径

（一）建立风险评估机制

1. 明确单位内部控制的目标

事业单位应当建立风险评估机制，成立风险评估工作小组。进行风险评估的首要任务，就是明确单位的内部控制目标。根据具体的事业单位的性质以及其所承担的公共职能，可以将内部控制的目标明确如下：确保事业单位各项职能的实现，各部门以及下属机构履行相应职责，内部人员岗位职责明确各司其职，相互沟通配合，提高其管理效率；在业务层面，在确保各项活动符合法律规定的情况下，综合多种方法，确保资金安全完整，确保每项业务运行顺利高效。

2. 风险识别

针对事业单位具体情况，本书采用内部控制基础性评价指标评分系统，梳理其在各个环节的风险点，得出相关评价意见。（具体分数设计由事业单位确定）

（1）单位层面的风险识别，设置评价指标与评价要点。如设置内部控制建设启动情况、单位主要负责人承担内部控制建立与实施责任情况、对权力运行的制约情况、内部控制制度完备情况、不相容岗位与职责分离控制情况等评价指标，成立内部控制领导小组，明确牵头部门，切实开展工作；单位主要负责人主持召开会议，培训学习相关理论；构建权力运行机制；对不相容岗位与职责进行有效设计等评价要点的设置。

（2）业务层面的风险评估，设置如下评价指标与评价要点

评价指标包括：预算业务管理控制情况、收支业务管理控制情况、政府采购业务管理控制情况、资产管理控制情况、建设项目管理控制情况、合同管理控制情况。评价要点包括：对预算进行内部分解并审批下达，计算预算执行差异率；收入实行归口管理和票据控制，做到应收尽收；支出事项实行归口管理和分类控制；举债事项实行集体决策，定期对账；政府采购合规，落实政府采购政策，政府采购方式变更和采购进口产品应报批；对资产定期核查盘点、跟踪管理，严格按照法定程序和权限配置使用和处置资产；履行建设项目内容变更审批程序，及时编制竣工决算和交付使用资产；加强合同订立及归口管理，加强对合同履行的控制。

（3）评价要点（分值）具体应关注以下方面：

①单位层面指标

A. 内部控制建设启动情况指标

a. 是否成立内部控制领导小组，制定、启动相关的工作机制

评价操作细则：本单位启动内部控制建设，由单位主要负责人担任领导小组组长，建立内部控制联席工作机制并开展工作，确定主要责任部门、岗位及人员。

b. 开展内部控制专题培训

评价操作细则：本单位应针对国家相关政策和内控理论，结合单位实

际开展专题培训，重点对象为本单位在内部控制开展过程中各个环节的主要责任人。

c. 开展内部控制风险评估

评价操作细则：应基于本单位的内部控制目标并结合本单位的业务特点及公共职能进行多方面风险评估。

d. 开展组织及业务流程再造

评价操作细则：应根据本单位"三定"方案，进行组织及业务流程梳理、再造，编制流程图。

B. 单位主要负责人承担内部控制建立与实施责任情况指标

a. 单位主要负责人主持召开会议，讨论与内部控制建立与实施相关的议题

评价操作细则：单位主要负责人应主持召开会议讨论内部控制建立与实施的议题。

b. 单位主要负责人主持制定内部控制工作方案，健全工作机制

评价操作细则：单位主要负责人应主持本单位内部控制工作方案的制定、修改、审批工作，负责建立健全内部控制工作机制。

c. 单位主要负责人主持开展内部控制工作分工及人员配备等工作

评价操作细则：单位主要负责人应对内部控制建立与实施过程中涉及的相关部门和人员进行统一领导和统一协调，主持开展工作分工及人员配备工作，发挥领导作用、承担领导责任。

C. 权力运行的制约情况指标

a. 权力运行机制的构建

评价操作细则：负责人应完成对本单位权力结构的梳理，并构建决策科学、执行坚决、监督有力的权力运行机制，确保决策权、执行权、监督权既相互制约又相互协调。

b. 对权力运行的监督

评价操作细则：本单位应建立多部门联动机制，确保与纪检监察、财政、审计等机构沟通协调，应进行定期或不定期检查，监督评价权力运行过程，发现问题第一时间纠正。

D. 内部控制制度完备情况指标

a. 建立预算管理制度

评价操作细则：本单位预算管理制度应涵盖预算编制与内部审批、分解下达、预算执行、年度决算与绩效评价四个方面。

b. 建立收入管理制度

评价操作细则：本单位收入，包括单位财政补助收入、非税收入等建立相关管理制度。

c. 建立支出管理制度

评价操作细则：本单位支出管理制度应涵盖票据管理、预算管理、审批权限等。

d. 建立政府采购管理制度

评价操作细则：本单位政府采购管理制度应涵盖预申请、执行、验收、后期管理等过程。

e. 建立资产管理制度

评价操作细则：本单位资产管理制度应涵盖资产购置、资产保管、资产使用、资产核算与处置四个方面。

f. 建立建设项目管理制度

评价操作细则：本单位建设项目管理制度应涵盖项目立项、项目审批、招投标控制、项目验收、资金审核等方面。

g. 建立合同管理制度

评价操作细则：本单位合同管理制度应涵盖合同订立、合同履行、合同归档、合同纠纷处理四个方面。

h. 建立决策机制制度

评价操作细则：本单位决策机制制度至少应涵盖"三重一大"集体决策、分级授权两个方面。

E. 不相容岗位与职责分离控制情况指标

a. 对不相容岗位与职责进行有效设计

评价操作细则：明确本单位不相容岗位界限，合理划分权限、审批与执行职责、记录与监督职责等。

b. 不相容岗位与职责得到有效的分离和实施

评价操作细则：针对本单位的各项经济活动，应落实环环相扣、彼此约束、合理控制的工作机制。

F. 内部控制管理信息系统功能覆盖情况指标

a. 建立内部控制管理信息系统，功能覆盖主要业务控制及流程

评价操作细则：内部控制管理信息系统功能（简称系统功能）应完整反映本单位制度规定的各项经济业务控制流程，包括各方面业务事项。

b. 系统设置不相容岗位账户并体现其职权

评价操作细则：应针对不同操作权限的管理员设置独立户名、密码，保证系统设置的不相容性。

G. 预算业务管理控制情况指标

a. 对预算进行内部分解并审批下达

评价操作细则：本单位财会部门应根据同级财政部门批复的预算和单位内部各业务部门提出的本年度预算需求，综合考虑，对上级下达的指标进行合理的细化分解。

b. 预算执行差异率

评价操作细则：计算本单位近三年年度预算执行差异率的平均值，如果差异率绝对值高于5%，应对产生差异的原因进行追查。

H. 收支业务管理控制情况指标

a. 收入实行归口管理和票据控制，做到应收尽收

评价操作细则：本单位各项收入，包括财政补助收入与非税收入等，应由财会部门归口管理并进行会计核算；票据的核算及合同的管理，按照规定设置归口管理，进行序时登记。

b. 支出事项分类控制

评价操作细则：明确各类支出业务事项的归口管理部门及职责，并对支出业务事项进行归口管理；明确各类支出业务事项需要提交的外部原始票据要求，明确内部审批表单要求及单据审核重点；通过制度的规范及事项的控制，解决支出业务的漏洞及问题，及时采取解决措施。

c. 举债事项实行集体决策，定期对账

评价操作细则：按规定可以举借债务的单位，应建立债务管理制度；

实行事前论证和集体决策；定期与债权人核对债务余额；债务规模应控制在规定范围以内。

I. 政府采购业务管理控制情况指标

a. 政府采购合规

评价操作细则：本单位根据当地最新政府采购目录及限额严格执行采购申请及采购活动，采购的货物及服务符合相关规定。

b. 落实政府采购政策

评价操作细则：政府采购货物、服务和工程应当严格落实节能环保、促进中小企业发展等政策。

c. 政府采购方式变更和采购进口产品报批

评价操作细则：政府采用非公开招标方式采购公开招标数额标准以上的货物或服务以及采购进口产品，应当按照规定报批。

J 资产管理控制情况指标

a. 对资产定期核查盘点、跟踪管理

评价操作细则：应对本单位的货币资金、存货、固定资产、无形资产、债权和对外投资等资产进行定期核查盘点，做到账实相符；对债权和对外投资项目实行跟踪管理。

b. 严格按照程序获取、使用、处置资产

评价操作细则：本单位根据资产管理办法严格执行资产管理流程，需及时在固定资产管理系统进行记载或变更的资产不得遗漏，不得擅自处理资产。

K. 建设项目管理控制情况指标

a. 履行建设项目内容变更审批程序

评价操作细则：本单位严格按照撒谎能够及皮肤组织开展项目建设，对建设过程中确实由于特殊情况需要变更的内容，按流程履行相关变更程序。对超过规定需要变更的内容，要重新履行相关审批手续。

b. 及时编制竣工决算和交付使用资产

评价操作细则：本单位应在建设项目竣工后及时编制项目竣工财务决算，并在项目竣工验收合格后及时办理资产交付使用手续。

c. 建设项目超概算率

评价操作细则：计算本单位已完工项目超概算率，重点审查近五年内项目。对于超概算率高于5%的近期项目，应对其产生原因进行追查。

计算公式：建设项目超概算率＝（建设项目决算投资额－批准的概算投资额）÷批准的概算投资额×100%

（建设项目决算投资额以经批复的项目竣工财务决算为准；在建设期间，调整初步设计概算的额度，以最后一次的批准调整概算计算。）

L. 合同管理控制情况指标

a. 加强合同订立及归口管理

评价操作细则：本单位应对合同文本进行严格审核，合同归档由专门的归口部门进行管理。对影响重大或法律关系复杂的合同文本，应组织业务部门、法律部门、财会部门等相关部门进行联合审核。

b. 加强对合同履行的控制

评价操作细则：本单位应当对合同履行情况进行有效监控，确保合同按时履行，同时对合同正常签订全过程以及对需要变更或解除的特殊情况，严格按照规定监督审查。

3. 风险分析与应对

通过仔细分析比对，根据本单位实际情况，计算出基础性评价指标评分表最终得分。

分析主要的扣分原因，如在单位层面主要包括未建立内部控制联席工作机制、与审计、纪检监察等职能部门运行监督机制不完善、未建立内部控制信息系统、关键岗位权责分离控制不到位等；在业务层面上，主要包括预算管理机制不健全，存在执行差异率、部分专款支出与经费支出分类混淆、存在没有严格执行政府集中采购目录及标准规定的情况、资产定期盘点跟踪不到位、存在未能及时编制竣工财务决算现象、对合同订立及归口管理不严格。在评价监督方面，缺乏有效的自我评价与监督，与审计、纪检监督部门联席机制不完善等。

通过内部控制基础性评价指标评分系统，逐一对比识别单位中可能发生的风险以及风险发生的危害程度，具有一定的准确性和实际意义。根据评分表最终总成绩及分项成绩，可以熟悉知晓本单位在经济运行中的种种

147

风险，从而做到针对不同风险制定相应的对策和策略，将风险控制在单位可承受范围之内。

（二）单位层面内部控制的创新路径

1. 加强内部控制制度体系建设

行政事业单位应全面查漏补缺，对内部控制体系建设的风险评估、单位层面、业务层面等进行梳理分析完善。结合单位实际，对已有的内控规章制度继续修改完善，对缺少的制度进行编订。在单位内部设置牵头部门，确定责任人员，合理配置单位资源，发挥人力资源优势，遵循内部控制全面性、重要性、制衡性和适应性原则，形成财务室、纪检监察室及其他业务科室相互监督、相互促进的内控管理组织体系。

事业单位领导者应该做行政事业单位的一把手，推动各种相关制度的建立和执行，保证财务内控体系有序运行。单位领导者应进行财务内控意识宣传教育，对近期发生的财务内部控制失控案件，进行有效的宣传教育，自纠自查。

首先，健全财务内部控制制度。建立完善的内部控制制度，并且确保各项制度的顺利实施。制定制度之前应进行风险评估和测算，发现并分析可能在运行中出现的问题，按照相应的解决措施，制定本单位的财务内部控制制度。建立制度应该彼此相互联系又相互制衡，提高事前监管，事中跟踪，改变总是侧重于事后监督的制度，做到抓住重点，有主有次，实现制度监督的全程化和动态化，使各环节在制度内高效开展运行。

其次，合理完善相关部门的任务分工，建立问责制度，明确每个工作人员的责任、义务，并严格按照制定的标准执行。对财务内部人员的相关违规操作进行惩罚，在惩罚程度上具体问题具体分析，操作人员与审核人员平等问责，一荣俱荣一损俱损，增强问责机制的关联度和执行度，杜绝人情事件。

最后，合理规划制定单位财务各部门内部的任务职责，在此基础上建立相应的财务内部岗位人员协同机制，以达到行政事业单位内部相互彼此监督、配合的机制体系，保证经济活动有效开展。分析预算差异大的原因，科学规划政府的预算和执行，增加项目建设合同中纠纷处理情况等。

2. 建立内外部监督协管机制

（1）完善内外部监督和审查体系

要完善事业单位财务的内外部监督和审查体系，把上级政府财务审计机构、审计机关的审核作用和监督作用的权威性予以充分体现，对政府内部会计的掌控监督制度给予正面的评价。上级财政部门负责财会管理和内部控制工作，要建立有针对性的监管制度，要在既定时间内监督和检查财务的内控落实情况。在执行监管工作的过程中，应把重点放在测试镇政府财务内部的掌控能力上，尤其要有针对地重点测验关于扶持项目收款、基层建设的采购付款、维稳资金使用、扶贫专项资金使用、镇政府固定资产、货币资金、单位工薪和人事调整等内部监管制度的吻合性，这样有利于上级单位更好地找到镇政府财务内部单位管理上的问题，确保制度监督的有效执行，要为顺利实施单位财务内部控制制度奠定有效的保障基础。如果事业单位财务部门在执行内部审计制度的时候，发现内部审计人员在某些项目中缺乏一定的独立性，不能很好地落实专业性工作，可以考虑项目有责任和有条件性外包，这样既能提高办事效率，同时也可以有效预防因为内审人员专业性技术不足而造成的内部审计风险。

（2）建立财务内部信息公示平台

事业单位应该在监管执行过程中逐步把单位财务内部信息公示平台建立起来，切实有效地体现制度的广泛性和透明性，在科学合理地确保专项资金等合理利用的同时也可以在第一时间客观公示收支中各环节的财务信息，增强信息透明度，也可以有效监督资金落实情况，限制不合理支出，发挥制度的监管效力。

（3）建立内部控制审计制度

积极建立内部控制审计制度，并发挥外部上级监察机构的监督作用。单位建立健全内部监督机制，可以及时发现内部控制建立和实施中的问题和薄弱环节，并及时加以改进，确保内部控制体系得以有效运行。其中，单位的审计处和纪检监察处作为内部监督的主要力量，主要做好以下工作：研究制定监督内部管理制度；组织实施对内部控制的建立和执行情况及有效性的监督检查和自我评价，提出改进意见或建议；督促相关处室落实内部控制的整改计划和措施；完善内部控制监督检查和自我评价的其他有关工作。在实践中把我国行政事业单位内部审计和外部监督有机结合起来，注重经验的重要性。提倡在符合自身的实际状况下，遵从行政事业单位领导人的工作建议和指导，注重构建违规检查系统，充分将现代科学技术手段运用到实际建设管理工作当中，做到与时俱进。

3. 建立与时俱进的高素质财务人才队伍

（1）加强岗位人员的培训

针对事业单位存在财务人员对自己的工作内容和性质没有好的认知和熟练掌握工作业务、不能提高工作效率的问题，可以实事求是地组织会计学习对应的专业知识，学习工作中可以实施的优化方法，使工作更加具体和有效，熟能生巧，应针对性地让从业人员进行广泛的学习，部门也应该进行关键岗位人员的日常培训。

（2）提高财务人员素养和创新精神

针对财会人员缺乏创新意识的问题，单位应建立起专门的考核机制，确保符合工作胜任要素的人留在岗位上，适当淘汰一定的效率低下、方法不得当的从业人员。同时事业单位应该建立招聘机制，补充优秀的专业人才，并在固化的组织人员形成竞争机制，优化组织的人员构成。单位应加强团建工作，可以进行财会案例的分析活动以及财务知识的竞赛活动，并设置奖励机制和福利，提高财会人员的积极性和凝聚力以及荣誉感。应树立标杆，让优秀的财会人员总结经验，开会总结其工作的技巧和有待创新改进的部分，发扬传帮带的精神，提高财务人员素养和创新精神。

4. 建立实时运行的动态共享信息系统

（1）建立财务内部控制大数据信息管理系统

在"互联网+"时代，应建立全面、高效、共享的财务内部控制大数据信息管理系统，让信息在各个环节可以追根溯源，实现监管上的进步，提升信息平台的运作能力。在大数据背景下，将采购管理、资产管理等六大业务模块整合在一起，搭建内控管理信息系统，由内控管理信息系统对这六大业务模块进行统一的管理。通过掌握各种信息，可以给决策提供数据依据。

（2）增加关于信息化的各种软硬件的投入力度

将财务内部控制制度软件化，并植入单位的各个部门，确保管理者能实时掌握单位的经济运行态势和最新的事项。单位应坚定不移地做好信息系统和沟通系统，不断地进行信息化创新和更新迭代，对各种信息及时准确地做出反馈。单位应整合各职能部门的各种信息资源和优化业务流程，利用科技网络的进步去加强专项业务活动的监督和配合，确保财务内部控制有效执行。

（3）加强上级单位与本单位的信息平台监管工作

不断完善在信息化平台上各职能部门权力运行既能相互配合又能相互制约的机制，加大上级部门对财务内部控制的监督体系。完善信息监管平台，并且与各级主管部门沟通，确保各项规章制度落实到位。上级部门通过平台及时给予审核意见，把监督反馈及时传达给管理者，发现问题及时解决，优化工作效率，明确工作进展，保障单位财务可以集中精力做好本职工作。做好上下级之间的信息监管对接工作，确保上下级监管平台信息共享，上级能够查看本单位的会计账目、原始票据等，并且能够及时审核本单位提出的各项审批事项，为本单位各项财务工作开展提供业务指导。单位也应当积极主动与上级主管部门沟通，就工作中遇到的各种问题咨询相关领导，在获得批复后方可进行下一步工作。值得注意的是，所搭建的信息监管平台必须有严格的安全管理制度，防止信息泄露。通过信息监管平台进行信息传递，可以加强各级政府的沟通，还能够减少财务人力传输的机会成本。通过平台监管系统，建立完整而系统的维稳大数据库，使财政运行和监督一体化，通过数据之间的分析和对比，提前发现风险，及时指导并建立评价与监督评估报告，掌控诸多诱因节点，把对单位的财务内部控制落实到日常管理中，有效发挥监管平台的优势和作用。

（三）业务层面的内部控制创新路径

1. 预算管理内部控制的完善

首先，完善预算编制流程，明确业务科室责任。预算是各单位根据工作任务编制并经财政报人大审核通过的经济管理计划，是年度工作必须坚定贯彻落实的任务指标。事业单位应进一步明确业务科室在预算编制、执行中的责任，对于不积极做好预算编制工作的科室制定相应的惩戒措施，对于不按照预算批复情况执行预算的业务科室，施行相应的处罚程序。预算编制工作涉及业务工作的预测、计划、估算等，这些内容已然超越了财务人员工作中掌握信息的范围，业务科室必须有序参与预算编制业务流程，提供充分的基础信息，为准确编制预算打好基础。

其次，完善预算执行控制，严格预算执行监管。预算的执行是事业单位预算业务的关键，财政部门批复预算后，单位应根据预算批复结果及时通知项目执行科室进行项目核对，预算执行必须严格，务必杜绝无预算开支情况的发生，把项目经费落实到经论证批准的项目中，应积极做到以下几个方面的控制：①强化预算业务审核理念，加大预算执行审核力度，及时核对预算指标。在业务科室提出执行申请时，规划财务科应结合财政预算批复和单位预算分解指标，对执行申请进行审核，对于符合预算分解结果的及时执行落实，对于与预算标准相违背的业务坚决审核退回、不予执行。②事业单位要开展预算执行情况监督检查，具体工作由机关纪委进行落实，规划财务科应及时进行账务处理，实时反映预算执行结果和预算业务项目余额，对于执行进度缓慢的项目加强督促，对于异常项目，及时向监察组反馈，确保预算安全执行。

最后，建立绩效评价制度，健全预算管理岗位。预算的执行涉及事业单位所有经济活动，事业单位应重视建立预算管理流程，充分发挥相互制衡的岗位责任制，将预算业务与管理业务有效结合，积极探索并完善预算评价机制。其一，事业单位应完善预算工作流程，优化预算岗位制度，加强预算监督机制，合理保证预算业务健康有序进行。其二，事业单位应完善预算考评体系，将预算业务执行情况纳入人员考核指标体系，编制预算时要求各业务科室积极参与，加深业务科室对预算管理工作的了解，强化其对预算批复结果的认识，从而更好地促进预算得到有效执行。

2. 收支业务控制对策

为强化经费使用效果，确保资金安全，应依据收支业务相关法律和规定，结合事业单位实际情况，从以下几个方面对收支业务采取管控措施。

（1）建立岗位责任制，明确分工

运行良好的岗位责任制对收支业务的安全开展具有很好的促进作用。事业单位应明确收支业务人员的具体工作职责，清晰界定业务人员的工作任务，确保支付申请与支付审批、支付业务与记录业务等职务相分离，保证不同岗位相互促进,共同做好收支业务工作。首先,收支业务的开展必须保证单位资金的安全、记录的完整、程序的合法合规;其次,与现金、银行存款收付等相冲突的业务不能由出纳人员担任;最后,财务收支业务是财务工作最基础最核心的内容,应当由兼具职业素养和职业道德的人员担任,任职期限应当有明确的规定,期满后务必进行岗位调整。

(2)加强收支业务控制和监督

在事业单位收支业务存在些许不足之处,应建设并完善收支业务监控制度。收支业务方面的内部管理,必须对规划财务科收支业务工作人员的工作职责加以明确,制定详细的工作程序,严格执行事后监管。单位收到本级财政、上级主管部门、同级其他部门拨入的款项,应与相关单位进行核对,并及时进行账务处理。要做好收入业务相关环节的记录工作,确保记录完善、手续完整,不同岗位要对收入业务相互印证、逐笔核对,保障单位资金的安全。每笔收入业务的发生,都由出纳人员通过财政一体化平台提出申请,再由主管会计进行审批,确保发生的每笔经济业务都能严格管控。

(3)严格控制资金的结算方式

事业单位应根据有关资金使用财经法规的要求,明确各种类型的经济业务适用的结算方式,坚决贯彻执行《公务卡管理暂行办法》等相关制度的要求,对公务卡结算目录范围之内的支付项目,坚决实行公务卡结算,未坚持执行的不予报付。大额资金流转、拨付业务工作经费、人员工资奖金等一律通过银行转账的方式进行结算,除小额支出以外,严格限制现金支付。

3. 采购业务控制对策

采购活动是每个正常运行的单位不可避免的经济事项,事业单位要强化采购风险管控力度,有效控制采购业务流程,就需要建立强有力的内部控制。

(1)健全政府采购内部管理制度

事业单位的采购活动通常会依据单位管理层对采购申请的批复进行,采购活动从申请到获得批准的程序,需要用设计合理的制度加以明确。所以,事业单位应当遵守法律法规的要求,对每一项采购业务进行严格的合规性审核，确保资产配置不超标、采购单价不跨线。切实考虑事业单位经费保障能力，应该从下列方面采取措施以保障事业单位采购业务流程的制度建设：第一，建立岗位责任制，明确工作任务，梳理申请审批制度；第二，强化事后监管，保证采购业务风险得到有效管控。

（2）加强对政府采购活动的管理

事业单位应当强化采购业务工作流程，确保规划财务科、机关纪委、监察组、办公室等科室共同参与。规划财务科应当及时与办公室进行交流，确保购置申请与科室工作需求相匹配。机关纪委、监察组应当强化事后监督，管控采购业务风险，保证政府采购业务的每项控制措施都有效实施。事业单位要与财政局资产科、采购科等做好沟通，确保采购事项经过审批后才开始实施，另外，要建立各科室的信息与沟通程序，办公室要与规划财务科进行充分的信息共享，积极保障采购业务顺利进行。

（3）合理设置管理机构和岗位

事业单位应成立政府采购审批委员会、采购工作领导小组、采购业务监察委员会。首先，采购审批委员会是采购业务发生前的审批机构，主要由委主任办公会成员组成；采购工作领导小组是采购业务的实际执行人，其成员由单位领导、相关科室负责人、采购业务具办人员组成；采购业务监察委员会是采购业务的事前、事中、事后监管部门，由内审工作人员、机关纪委、监察组等组成。申请部门要根据采购预算和工作需求填报采购计划，经采购审批委员会批准后，向采购工作领导小组提交采购审批材料；规划财务科负责根据采购审批材料进行登记汇总，做好采购协调工作；办公室负责了解采购申请人的具体需求，结合市场报价进行采购决策。其次，根据不相容职务相分离及对控制活动设置监督程序的要求，事业单位应当指定监察组、机关纪委对采购业务活动进行持续监督，主要包括监督规划财务科、办公室、采购申请业务科室等对法律法规的遵守情况等。最后，事业单位应优化采购业务工作岗位，保证询价、定价、业务谈判等工作均由多人参与，充分发挥相互制约的作用。

4. 资产控制对策

事业单位所拥有的国有资产主要包括货币资金、办公设备、办公家具、房屋、车辆等。这些资产在事业单位日常工作过程中发挥着巨大的作用，是事业单位业务工作得以正常开展的必备条件，要保护事业单位资产的安全完整，应该从加强资产管理意识、健全资产管理制度、完善资产管理岗位入手。

（1）加强资产管理意识

事业单位管理层应高度重视资产管理工作，对价值高的资产进行定期盘点，对数量少或价值相对较低的资产不定期随机抽查。盘点工作需要资产管理部门和资产使用科室共同参与，登记好差异情况，报主任办公会审核批准，及时根据批准情况进行账务处理。对于闲置不用或者出租出借的固定资产，及时与第三方评估机构沟通，做好资产评估工作，并根据资产评估结果及时进行账务处理，确保资产账面价值与实际价值保持一致。

（2）健全资产管理制度

事业单位应按照《行政事业单位资产管理办法》的要求，实现单位各项资产的分类，依据其本质特征和使用情况，进行风险管控，有效完善资产管理内部控制制度。国有资产管理内控制度要将资产购进与出库入库有效衔接，资产报废与购进充分协调，做到资产购进前先行了解在用资产处置情况，对于需报废的资产及时办理入库手续，已入库待报废的资产及时办理报废手续，已报废资产及时办理出库手续，严格执行资产流转程序，完善经办审核签字制度，采用多联式出库入库单，资产使用部门、管理部门、仓库、规划财务科保管好有关单据，做好账簿登记工作。另一方面，明确资产管理岗位责任制，规划财务科、机关纪委、办公室等综合科室应制定明确的检查制度，组织定期检查，确保资产安全。

（3）合理设置工作岗位

为保证国有资产的安全完整和使用效率，事业单位应优化配置工作人员，详细划分工作任务，工作人员应尽职尽责，及时完成工作任务，切实做好国有资产管理工作。资金的支付与审批、资金的保管与清查、会计核算和审计监督、资产的配置和使用、资产申请与审核、购进与批准、资产的使用和处置等不相容岗位的分离，是做好资产管理工作的必要前提。

第七章　经济新常态下事业单位经济管理实证分析
——以河北省城乡居民基本医保基金运营管理为例

"以收定支、收支平衡"是医疗保险基金持续、安全运行的重要前提。本章以河北省城乡居民基本医保基金运营管理为例，对经济新常态下事业单位经济管理进行实证分析。通过对河北省近年的城乡居民医保基金的运行情况进行分析，着重研究医保基金运行过程中存在的风险问题，寻找风险存在的原因，提出医保基金的风险控制方案，对于将城乡居民医保基金结余控制在安全范围内，提高城乡居民医保基金的使用效率，加快医保基金运行的稳健性和可持续性，加快构建更加公平、高效的城乡居民医疗保险制度，具有重要的实践意义。

一、河北省城乡居民基本医保基金运行及结余情况

城乡居民的医疗保障问题关乎着整个经济社会的平稳发展与广大人民群众的幸福安康。长期以来，城乡户籍制度使我国居民医疗保险制度呈现出割裂的状态，管理较为困难，城乡医疗保障资源相对分散。为解决这一问题，河北省政府在总结试点经验的基础上，结合本省实际，于2016年5月发布了《关于整合城乡居民基本医疗保险制度的实施意见》（以下简称《意见》），逐步加快推行市级统筹，至此河北省城乡居民基本医疗保险制度的整合工作拉开帷幕。为推动医疗保障制度的健康发展，2017年4月河省省政府又进一步出台了相应的指导意见，规定在各统筹区域内采用统一的医疗保险待遇政策，并逐步提高了统筹档次和基本医疗保险待遇水平。为加强对城乡居民基本医疗保险基金的有效监督管理，河北省先后出台了

一系列城乡居民基本医疗保险基金运行与监管的政策文件，为医保基金的平稳运行保驾护航。此外，为加强财政补助资金管理，省政府逐步优化医保补助资金的支出流向，以提升资金利用效率，确保资金安全。

河北省各地通过机构整合，建立了职能定位明确、内部分工合理的医疗管理制度，信息化建设成效明显，参保待遇不断提高，"因病致贫""报销难"的情况得到了极大的缓解。此外，京津冀医疗合作的发展速度进一步加快，河北省将三十余家京津优质特色公立医院列入了医保定点服务范围。自此，河北省基本上完成了城镇居民医疗保险和新农合的有机整合，并初步构建起了各市统筹的城乡居民医疗体系。然而，当前河北省城乡居民医保基金的可持续运行及结余管理仍然存在问题。一方面，按照"筹资就低不就高、待遇就高不就低、目录就宽不就窄"的统一政策，势必会增加医疗保险基金的支出压力。与此同时，城乡居民医疗服务需求不断提高，而老年人的医疗服务需求又明显高于其他年龄段人口，伴随老龄化程度的加深，城乡居民医疗服务的需求还将进一步释放。另一方面，部分地区还没有实行市级统筹或者风险调剂金制度，门诊统筹制度还不够健全，这无疑加大了医保基金统筹的负担。此外，相关提高缴费标准的政策还未能完全落实，粗放型的控费和支付模式也使得"控费难"的问题频发，医保基金套取行为造成了医保基金的巨大流失，这些问题都给城乡居民医保基金的安全运行带来了较大的压力。因此，分析城乡居民医疗保险基金运行及结余情况，强化医保基金的风险控制，对于河北省城乡居民医保制度的建设及相关部门政策的制定意义显著。

（一）城镇职工基本医疗保险基金概述

1. 城镇职工基本医疗保险

（1）医疗保险

我们通常所认知的医疗保险，指的是通过指定的一些机构或者组织办理的，在确定的规则下自愿或强制性与该机构或组织进行合约的签订，该组织机构将与它签订合约的人群的资金进行集合，形成医疗保险。

医疗保险制度的雏形出现在18世纪的西欧。在经历了第一次和第二次工业革命之后，大型工业作为家庭式小作坊的替代品，成为社会生产力发展的主力军。但是大型工业的发展也有其弊端,工人们的工作环境不佳,人口密集导致容易感染流行病;大型设备的使用和高强度的工作也让工人们工伤事故率陡升,但是高昂的医疗费用不是这些仅有基础工资的工人们负担得起的。大家各出一份筹集资金,储存起来用于生病的开支,是当时工人们解决医疗问题的最佳选择。但是,这种筹集资金的方式的保障水平非常有限,它的范围小、稳定性差,对于流行性疾病等较大的医疗开支,该方法无法奏效。到了18世纪末期,西欧民间自发形成了医疗保险制度,这也是国家医疗保险资金的主要来源之一。随着医疗保险体系的发展完善,互济性、强制性、社会性等成为医疗保险制度的显著特点,一般由国家出台法律,向单位及个人强制性征收,设立专门的机构管理并支付医疗保险资金,为参保人群提供基本的医疗保障。

我国医疗保险体系由三种不同性质的保险组成,分别是商业性质的医疗保险和发挥补给作用的医疗保险以及基本保障性质的医疗保险。其中,基本医疗保险是政府保障下适用人群最多、范围最广的一种社会医疗保险,与其他医疗保险相比,基本医疗保险的特点是覆盖面广,但提供的支持有限。补充医疗保险的出现顺应了医疗保险向高保障层次发展的趋势,它由单位雇主为员工全额缴纳。而商业保险则满足了人们不同的医疗保障需求,以市场规则为依据,具有营利性质和高额保障性等。

(2)基本医疗保险

基本医疗保险是由国家强制实行的,国家制定了相关的医疗保险法案,资金的筹集以及医疗费用的缴纳由医疗保险机构承担,而原始资金由社会个人或工作单位提供,当个人遭遇事故或疾病需要医疗救治时,即按照国家规定的医疗法案进行保障。对社会参保个体而言,疾病与受到意外伤害是不可预测的,但对社会群体而言,疾病与受到意外伤害的概率是可以通过大数据监控和推测的。依大数据规律,人员的数量决定了风险承担能力,人数越多,能力越强。医疗保险就是通过这个规则,使社会共同承担风险。

基本医疗保险作为必要的保险制度,是社会保险制度最基础的保障之一。医疗保险机构作为医疗保险制度的实施主体,筹集单位及个人需要的医疗保险资金,并为个人基本医疗需求提供医疗资金。参保人群类别不同时,基本医疗保险的运作模式也有所区别。当前,我国基本医疗保险体系涵盖了三个险种：城镇职工、城镇居民（主要为未成年人及其他未就业人群）、新农合基本医疗保险。此外，还存在着一种特殊的社会医疗保险制度，即公费医疗。

（3）城镇职工基本医疗保险

城镇职工基本医疗保险，通过科学分析国家财政、企业单位及就业人员的承受能力，确定职工基本医疗保险的筹资、保障水平，实行个人账户与统筹基金相结合，发挥广覆盖、低筹资水平的特点，尽可能让所有就业人员和退休人员都能得到医疗保障，减轻参保人因病面临的经济压力。职工基本医疗保险是我国第一个建立起来并相对完善的医疗保险制度，在医疗保障体系中的地位突出，其主要特点如下。

①制定明确标准的共同筹资制度。国家的保险制度的设立是人民权利义务相统一的表现，也是法律强制性的体现。基本医疗保险资金主要来源于个体户、个人及其所在的单位，强调了单位及个人共同缴费的责任，缴费比例可随着社会经济发展水平适当调整。

②设立明确的个人与统筹基金账户制度。为确保医疗保险制度下的每个参保人都可以在需要医疗救助时获得医疗资金，基金账户划分为个人账户与统筹账户。个人基金账户的资金由个人全部缴费部分和单位缴费部分的30％组成，账户本息为参保人所拥有，具有独立性、继承性和限制性；统筹账户基金主要由单位缴费部分的70％及财政补贴组成。

③明确支付条件及范围。个人与统筹账户各司其职，个人账户基金主要用于自费部分的医疗费用支付及医药用品消费，以账户余额为支付限制额。而统筹账户的资金主要是支付住院、普通门诊、特定门诊中属于统筹负责的部分，有严格的起付线标准、不同的支付比例及最高支付的封顶限额等限制。

④设立社会化服务管理机构。职工基本医疗保险管理机构以地域级别划分，设立多层次的管理经办机构。原则上职工基本医疗保险费由统筹区的税务部门负责收缴、催缴，医疗保险管理经办机构负责使用、管理和服务，收支部门互相协调，各环节有序衔接。收支两条线的制度设计，有效保证了城镇职工基本医疗保险运行的稳定性。

城镇职工基本医疗保险是在共同筹资机制下，以统筹和个人基金账户并存为运行模式基础，在一定规则下调动统筹医疗保险基金，以达到风险最小化，费用平均化。城镇职工基本医疗保险的管理风险此前主要由单位负担，现逐渐转为由政府承担。

2. 城镇职工基本医疗保险基金

（1）职工基本医疗保险基金收入

不同途径获得的职工基本医疗保险基金筹集为统筹基金收入，它主要来源于医疗保险费（单指纳入统筹基金账户的单位缴费部分）、财政补贴和转移收入、下级上解及上级补贴、利息及其他收入。

社会医疗保险费收入是指按规定由单位缴纳并划入统筹账户的保险费收入和由政府部门按政策文件标准划入的保险费收入。

利息收入是指存入金融机构或购买债券的医疗保险基金的相关获利。

财政补贴收入是指财政给予社会医疗保险基金的补贴收入，包括各级财政资助困难企业退休员工参加职工社会医疗保险的资助金收入、社会医疗保险基金出现收不抵支时由各级财政弥补亏损的收入等。

转移收入是指参保人员跨地区流入随着划入的医疗保险资金。

上级补贴收入是指接收的统筹区上级部门划入的医疗补贴。

下级上解收入是指收到的下属部门按规定上缴的资金。

其他收入是指滞纳金、违约金、定点医药机构交回违规使用的社会医疗保险基金及其他经核准的收入。

（2）职工基本医疗保险基金支出

职工基本医疗保险基金主要支出在五个方面：职工基本医疗保险费用给付、转移支出、上缴上级及补贴下级支出和其他费用支出。

职工基本医疗保险费用给付是指按政策规定的医疗保险待遇支付费用，如支付定点医疗机构申报的医疗费用及参保人零星医疗费报销、划拨个人账户资金、大中专院校门诊及异地门诊包干支出、先行支付医疗费支出等。

转移支出是指职工基本医疗保险参保人流出统筹区而需划出的资金。

上缴上级支出是指按规定上解给上级部门的支出。

补贴下级支出是指拨付给本单位下级所属部门的补贴支出。

其他支出是指经批准的其他范围的合理支出。

(3) 职工基本医疗保险基金结余

基金运行过程中，当支出少于收入时，随之剩下的资金称为基金结余。统筹账户留存资金和个人账户结余资金，皆属于职工基本医疗保险基金账户结余。结余基金需要预留一部分用于短期支出，在风险可防范、安全等级可控的范围内，剩余的基金结余应按照国家规章制度进行管理投资，一般选取的是高安全性、低风险的投资方式来实现保值增长。投资基金由政府财政部门与医疗保险管理机构共同进行严格的监管和控制。

当基金的支出大于收入时，基金支付则通过以下流程进行。

①优先使用多年来累积的结余存款支付；

②根据领导上级的批示，获取基金调剂金，申请使用风险基金及储备金；

③投资的基金提前取回、变现；

④向统筹区财政部门申请补助；

⑤在符合国家规章制度的前提下，获取当地财政部门的同意，向统筹区人民政府申请提高征缴标准及调整医疗费待遇给付。

3. 城乡居民基本医疗保险基金风险

城乡居民医疗保险基金风险是医疗保险基金收支运行面临的不确定性。风险大小主要看医保基金的供给能否满足居民对医疗保险基金的需求。基金风险大小可以用医疗保险基金结余水平来评估。

按照风险的程度，城乡居民医疗保险基金风险可以分为累计结余偏高和过高的风险。根据《河北省城乡居民基本医疗保险基金管理暂行办法》（冀财社〔2016〕94号），对居民医疗保险基金结余水平用医保基金累计结余可支付月数进行判定：医保基金累计结余/（医保基金当年支出总额/12）。医保基金累计结余原则上应控制在6~9个月的平均支付水平上。为了精准分档把控居民医疗保险基金风险，本书把基金累计结余分为红色（累计结余可支付月数<3个月）、黄色（3个月≤累计结余可支付月数<6个月）、绿色（累计结余可支付月数≥6个月）三档，风险依次由高到低。按照风险的成因，可以分为居民基本医保制度内生风险和外生风险、居民基本医保基金收入风险和支出风险等。城乡居民医疗保险基金风险防控就是判断风险大小，分析了解风险成因，找出风险点，采取相应的防控措施，将风险控制安全范围之内。

(二)河北省职工医保基金运行及结余情况分析

1. 河北省城乡居民基本医疗保险制度现状

城乡居民的医疗保障问题始终都是事关广大人民群众幸福安康的重大民生问题。自实行城乡居民基本医疗保险制度以来，河北省医疗保障制度建设成效显著，目前已经基本实现了市级统筹，各市城乡居民医保基金实行统收统支。各统筹区采用统一的居民医保信息系统，医疗保险待遇在原有的基础上有所提高，为加快推进医药改革进程提供了动力，为确保医保基金使用安全规范、风险可控提供了保障。

（1）筹资模式和统筹级次

1）筹资模式

根据《意见》的规定，目前河北省城乡居民医保的缴费方式主要有代为征收与自行缴纳两种。代为征收是指基层税务机关与乡镇、街道办事处等单位签署协议，由相关工作人员代为征收；自行缴纳是城乡居民个人通过所在市县的税务机关、就近的银行网点或是网上进行缴费，个人可以选择适当的方式缴纳医疗保险费用。河北省城乡居民医保基金的筹资模式采用的是定额统一标准，分为居民个人缴费与政府财政补助两个部分。自2017年制度实施以来，医保基金的筹资标准每年都有着较为稳定的提升。除了政府对于某些特殊困难群体给予一定的财政补助以外，河北省目前并没有采取根据参保人的年龄缴纳医疗保险费用的规定，参保人对医保基金的缴费金额参照所在地区做出的规定来确定。2017—2020年河北省城乡居民医保基金筹资标准的变化情况如表7-1所示。

表7-1 2017-2020年河北省城乡居民基本医疗保险基金的筹资标准

年份	筹资标准（元）	个人缴费（元）	个人缴费比重	财政补助（元）	财政补助比重
2017	600	150	25.0%	450	75.0%
2018	670	180	26.9%	490	73.1%
2019	740	220	29.7%	520	70.3%
2020	800	250	31.3%	550	68.8%

数据来源：2018—2021年《河北省统计年鉴》

2）统筹级次

目前河北省已经基本实现了城乡居民基本医疗保险市级统筹，各地市城乡居民医保基金实行统收统支。各统筹区采用统一的居民医保信息系统，以确保基金使用安全规范、风险可控。统筹的内容包括医疗保险待遇政策、医疗保险基金管理、医疗定点机构设置、医保药品种类与器械等各个方面。在实行市级统筹后，即建立了"市级统收统支"体制，各级财政部门按照相应的财政补助分担比例，及时将全部的医疗保险基金收入足额地归集到社保基金财政专户；在使用医疗保险资金时，各市医疗保障机构汇总各县（市、区）的基金支出情况，财政部门根据医疗保障机关的申请进行资金拨付。城乡居民基本医疗保险市级统筹整合了各市医保基金的资金规模，推动建立了市级统收统支体制，对于简化资金拨付环节、提高经办机构服务能力、提高医保基金使用效率具有显著的作用，同时也为进一步实现河北省城乡居民医保基金的省级统筹奠定基础。

（2）待遇政策和支付方式

1）待遇政策

河北省城乡居民医保待遇主要包括住院统筹待遇及门诊统筹待遇，各统筹地区内的所有参保人员都可以享受同等的医保待遇。其中，医疗保险基金支出主要用于住院报销费用，参保居民的住院费用在医保目录范围内按照标准进行报销，一年内最高统筹基金支付额为20万元。

目前，河北省已经全面取消了个人（家庭）账户，建立起统筹区域内无异地的门诊统筹制度，统一对其进行核算管理。普通门诊统筹待遇主要针对城乡居民的常发疾病，不设立起付标准，支付比例在50%左右。慢性疾病、特殊病种门诊的就医管理办法逐步完善，慢性病病种范围（原则上控制在20种左右）实现了统一，规范了门诊慢特病待遇管理流程，将符合高血压、糖尿病两病条件的患者都纳入"两病"门诊医疗保障范围，享受"两病"医疗保障政策待遇。目前，河北省正在开展取消大病保险封顶线的试点改革，逐步降低大病保险待遇的起付线标准，对于特殊困难群体给予一定的政策倾斜，医保支付比例提高5%。

在医保报销方面，河北省各级医疗保障机构的基金住院报销比例均在90%以上，各级定点医疗机构之间的差距不应过大。对于在北京、天津、上海、广州、深圳的医保定点三级医疗机构进行异地住院就医的患者，医保基金的住院报销比例可以通过在省内各级医疗保障机构住院报销比例的基础上减少 10% 计算得到。对于在北京、天津、上海、广州、深圳的医保定点一、二级医疗机构进行异地住院就医或者在这五地之外的其他地区进行异地住院就医的患者，并不降低住院报销的比例。目前已经有 3207 个药品纳入医保目录，近年来河北省医疗保障机构多次调整与丰富医疗保险药品目录，药品的种类逐步得到了进一步的改进与优化。

2）支付方式

选择合适的医保支付方式，是保障参保居民享受优质医疗保障服务、提高医保基金资金使用效率的重要举措。城乡居民基本医疗保险支付方式改革的覆盖范围包括所有的医疗保障定点机构。目前河北省基本医疗保险采取的是以总额预算管理为主、多种支付方式并存的医保支付方式，以确保基金平稳安全运行。

总额预算指标区分门诊费用和住院费用，以医保基金年度预算为基础，综合考虑各类支出风险以及重大政策调整带来的影响，进一步推进区域总额预算管理，将不再细化各个医疗保障定点医疗机构的总额预算指标。河北省医保支付方式改革涵盖了所有的医疗保障定点机构，鼓励各地市根据自身的实际情况选择合适的医保支付方式，大力推行按疾病诊断相关分组付费（DRG）、按病种分值付费（DIP）、单病种付费等支付方式，逐步完善按床日付费方式，探索推行门诊按人头付费方式，并逐步降低按项目付费支付方式的比重。截至 2021 年，邯郸市按疾病诊断相关分组（DRG）付费实现了实际付费，保定市、廊坊市、唐山市等地市按病种分值（DIP）付费进入了实际付费阶段，医保基金支付方式改革稳步推进。

（3）基金监管和组织管理

2018 年河北省医疗保障局成立，自此医疗保险基金管理的职能由原来的人社部门转移至医疗保障部门，实现了对城乡居民医疗保险基金的专业化管理。成立以来，河北省医疗保障局将让人民群众"看好病、少花钱、少跑腿"作为不懈的奋斗目标，逐步完善医保待遇保障机制、药品和医疗器材规范化采购、医疗保险支付制度优化设置，严厉打击医保基金诈骗行为，先后出台了《医疗保障基金监管大数据分析制度》等一系列基金管理办法，不断提升医疗保障基金监管能力,多途径多渠道来保障医疗保险基金的安全运行。

河北省政府始终对医疗保险基金的诈骗行为保持高压态势,更是将每年的 4 月作为医疗保险基金监管的宣传月。在监管高压之下,欺诈骗保行为有所收敛,同时基金追回成果显著。近年来,河北省多次开展了医保基金专项监管等行动,对全省范围内的所有医疗保险定点机构进行了地毯式的核查,对于违法违规的医疗保障机构给予处分和警告,并追回了数十亿元的医保基金,打击医疗保险诈骗行为的专项治理综合排名在全国遥遥领先。自 2021 年以来,河北省对于打击不法分子的医疗保险基金欺诈行为始终保持着高压态势,已经将全省范围内的医疗保险定点机构的所有存量问题清零,追回了医保基金 1.26 亿元。

2. 河北省城乡居民基本医保基金运行及结余情况分析

自河北省开展城乡居民基本医疗保险制度整合工作以来,全省的城乡居民医保工作有序平稳运行,近年来各地市的城乡居民医保制度建设都取得了显著的成效。但目前河北省还存在着诸如参保人数趋于下降、医保基金收支增幅倒挂等一系列问题,在运行过程中还可能会出现医保基金累计结余穿底的状况,这些问题严重威胁着河北省城乡居民医保基金的安全平稳运行。以下对河北省各市(含定州市、辛集市)的基金收支及结余情况进行分析,以了解各市城乡居民基本医疗保险基金的运行风险现状。

(1)基金收入现状

医疗保险基金市级统收指的是各级财政部门按照相应的财政补助分担比例,及时将全部的医疗保险基金收入足额地归集到社保基金财政专户。基金收入是影响医保基金收支平衡最直接的因素,基金收入越多,那么基金的支付能力越强,医保基金出现赤字的风险就越小,其便能够平稳健康发展。反之,若基金收入越少,医保基金出现赤字的风险就越大,从而不利于医保基金的安全运行。2017—2020 年河北省各市(含定州市、辛集市)城乡居民医保基金收入总额及增幅情况如表 7-2 所示。从总体来看,河北省全省的医保基金收入由 2017 年的 361.9 亿元上升到 2020 年的 486.5 亿元,平均增长率为 8.6%。相较于前几年来说,2020 年河北省的城乡居民医保收入增幅出现了大幅下降,仅为 2.2%,其中,各市的医保基金收入增幅都有了不同程度的下降,特别是张家口市、秦皇岛市、衡水市的医保基金收入在 2020 年出现了负增长,医保基金收入增幅分别为 -7.5%,-0.6%,-1.7%。可以看到,基金收入逐步放缓。

表7-2 2017—2020年各市城乡居民医保基金收入情况

年 地区	2017		2018		2019		2020	
	基金收入 (亿元)	增幅	基金收入 (亿元)	增幅	基金收入 (亿元)	增幅	基金收入 (亿元)	增幅
石家庄	47.7	16.6%	52.8	10.7%	57.8	9.5%	62.4	7.9%
承德	20.1	20.7%	23.4	16.1%	26.9	15.2%	29.1	8.3%
张家口	48.3	143.8%	27.2	-43.7%	33.7	24.0%	31.2	-7.5%
秦皇岛	24.9	10.3%	13.9	44.3%	17.0	22.5%	16.9	-0.6%
唐山	35.8	16.6%	36.1	1.0%	41.1	13.8%	43.3	5.3%
廊坊	57.8	155.6%	24.3	-58.0%	28.2	16.1%	31.1	10.2%
保定	55.5	23.1%	56.5	1.8%	58.8	4.1%	60.9	3.6%
沧州	37.7	2.7%	45.8	13.6%	47.2	10.2%	50.0	5.8%
衡水	24.0	20.2%	31.9	32.9%	30.3	-5.1%	29.8	-1.7%
邢台	38.9	8.1%	45.4	16.6%	51.0	12.5%	53.5	5.0%
邯郸	47.0	11.1%	56.3	19.7%	63.4	12.6%	66.0	4.1%
定州	6.6	13.6%	6.9	4.1%	8.0	16.6%	8.2	1.9%
辛集	3.4	16.9%	3.6	3.7%	4.0	12.7%	4.3	7.0%
全省	361.9	10.8%	421.7	16.5%	475.9	12.9%	486.5	2.2%

数据来源:经 2018—2021 年《河北省统计年鉴》、2020 年各市社保基金决算数据计算得出

医疗保险基金筹资标准由 2017 年的人均 600 元增长到 2020 年的人均 800 元,增幅为 33.3%。2017 年到 2020 年各年筹资标准增幅分别为 5.3%,11.7%,10.4%,8.1%。将 2017—2020 年河北省各市(含定州市、辛集市)城乡居民基本医疗保险基金收入的增幅相加取平均值,得到各市城乡居民医保基金收入的年平均增长率,分别为 35.3%,-2.0%,12.7%,3.8%。将各市城乡居民医保基金收入平均增幅与城乡居民医保基金筹资标准增幅进行对比,如图 7-1 所示。自 2017 年河北省城乡居民基本医疗保险试点整合以来,各市医疗保险基金收入总体上呈现持续下降的趋势,增幅从 2017 年的 35.3% 下降到 2020 年的 3.8%,医保基金收入增长明显乏力。另一方面,河北省城乡居民医保基金筹资标准增幅虽然也有一定程度的下降,但总体

上保持着较为稳定的增长。2020年各市基金收入平均增幅为3.8%，明显低于城乡居民医保基金筹资标准的增幅8.1%，这表明筹资标准的稳定增长无法带动基金收入的同步增长，基金收入的增长愈发乏力，缺乏可持续性。政府与居民个人之间筹资责任的划分存在一定的问题，使得河北省城乡居民基本医疗保险基金的内在动力不足，医保基金运行存在风险。

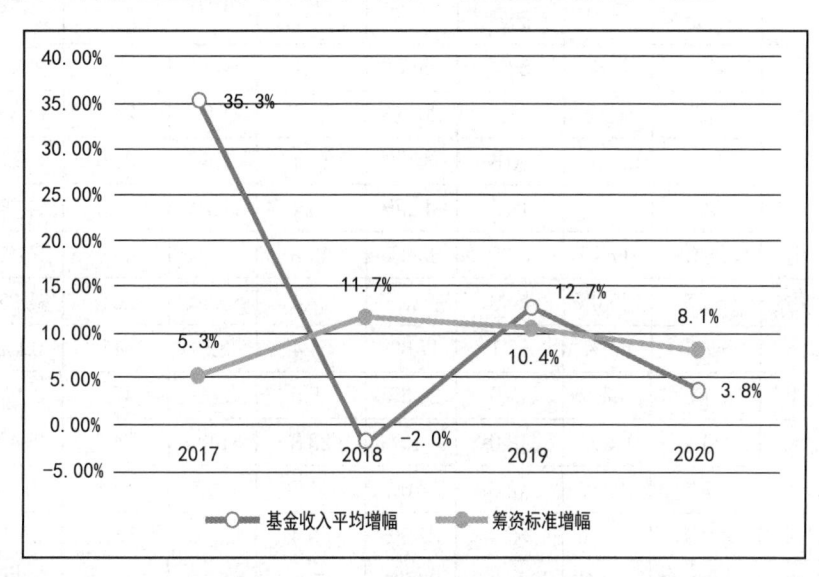

图7-1 2017—2020年河北省各市城乡居民医保基金收入及筹资标准增幅情况

（2）基金支出现状

基金支出也是城乡居民医保基金平衡的直接影响因素之一。若医保基金支出增长得过快，那么医保基金支付的压力就越大，医保基金支出赤字的风险就越大，由此将会导致医疗保险基金的失衡。医疗服务价格和医疗技术水平是影响医保基金支出的主要因素。在使用医疗保险资金时，各市医疗保障机构汇总各县（市、区）基金支出情况，制订相应的支出计划，由财政部门根据医疗保障机关的申请进行资金拨付。

城乡居民基本医疗保险基金支出主要用于普通门诊待遇支出、特殊病种门诊待遇支出及住院报销支出。2017—2020年河北省各市（含定州市、辛集市）的城乡居民医保基金支出数额及增幅情况如表7-3所示。从总体来看，河北省全省的医保基金支出由2017年的311.1亿元增长到2020年的458.3亿元，增长了47.3%，显著高于在此期间医保基金收入的增长幅度。

从整体来看，河北省各市城乡居民医保基金支出的增长速度相对较快，高于同期医保基金收入的增长速度。

表7-3 2017—2020年各市城乡居民医保基金支出情况

	2017		2018		2019		2020	
	基金收入（亿元）	增幅	基金收入（亿元）	增幅	基金收入（亿元）	增幅	基金收入（亿元）	增幅
石家庄	42.5	6.2%	53.4	25.6%	58.1	8.8%	57.9	-0.4%
承德	17.7	9.9%	23.0	30.2%	28.0	21.8%	26.8	-4.5%
张家口	45.5	127.6%	30.8	-32.2%	30.4	-1.4%	32.5	6.9%
秦皇岛	23.8	19.3%	13.8	-42.2%	15.4	11.7%	22.3	44.6%
唐山	25.0	-17.4%	33.5	33.8%	40.2	20.1%	43.9	9.1%
廊坊	55.7	145.0%	24.9	-55.4%	27.4	10.2%	26.9	-1.9%
保定	47.6	6.6%	56.1	17.8%	54.4	-3.1%	54.5	0.1%
沧州	34.1	5.3%	43.0	26.3%	45.5	5.8%	47.5	4.4%
衡水	20.4	6.9%	18.0	-11.5%	23.8	31.9%	34.6	45.4%
邢台	37.3	12.5%	42.6	14.0%	44.7	5.0%	44.5	-0.4%
邯郸	39.9	-7.7%	55.0	37.9%	56.4	2.5%	56.5	0.2%
定州	5.9	-6.0%	7.4	24.9%	7.1	-3.7%	6.9	-2.5%
辛集	2.2	-27.9%	3.4	56.2%	3.7	9.5%	3.6	-1.6%
全省	311.1	-1.3%	405.4	30.3%	443.7	9.4%	458.3	3.3%

数据来源：经2018—2021年《河北省统计年鉴》、2020年各市社保基金决算数据计算得出

进一步将2017—2020年河北省各市（含定州市、辛集市）城乡居民基本医疗保险基金支出的增幅相加取平均值，得到各市城乡居民医保基金支出的年平均增长率，分别为21.6%，9.6%，9.2%，7.6%。将各市城乡居民医保基金收支的年平均增长率进行对比，如图7-2所示。从整体上来讲，虽然医保基金收支的增长率均有一定程度的下降，但医保基金收入增长率下降得更加明显。2020年河北省各市的城乡居民医保基金收入年增长率为3.8%，低于城乡居民医保基金支出的年增长率7.6%，基金收支增幅呈现出倒挂的局面。若基金收支倒挂的问题不能得到很好的解决，将会在很大

程度上影响河北省城乡居民医疗保险的健康安全运行。

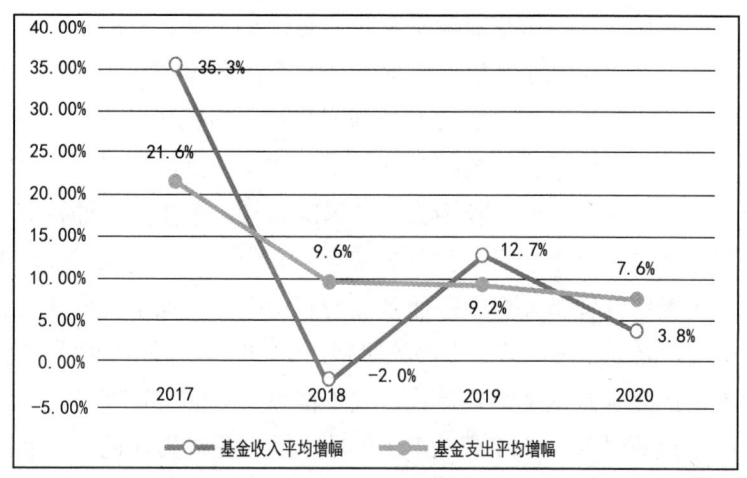

图7-2 2017—2020年河北省城乡居民医保基金收入及基金支出增幅情况

（3）基金结余现状

根据指导意见的规定，评价城乡居民基本医疗保险基金的风险水平，可以采用统筹基金累计结余可支付月数等相关指标进行判定，并且可以参照地方政府债务预警风险指标的规定，将各地市城乡居民基本医疗保险基金的风险等级划分为红色、黄色、绿色，风险等级由高到低。2020年河北省各市（含定州市、辛集市）城乡居民基本医疗保险基金结余情况如表7-4所示。

表7-4 2020年河北省各市城乡居民基本医保基金结余情况

	石家庄	承德	张家口	秦皇岛	唐山	廊坊	保定	沧州	衡水	邢台	邯郸	定州	辛集
当年结余（亿元）	4.5	2.4	-1.3	-5.4	-0.6	4.2	6.5	2.4	-4.8	9.0	9.5	1.2	0.6
累计结余（亿元）	22.1	12.7	10.7	3.9	32.2	16.6	36.7	22.8	26.5	34.3	38.5	2.4	2.9
累计结余可支付月数（个）	4.6	5.7	3.9	2.1	8.8	7.4	8.1	5.8	9.2	9.2	8.2	4.2	9.7
风险等级	黄色	黄色	黄色	红色	绿色	绿色	绿色	绿色	绿色	绿色	绿色	黄色	绿色

数据来源：经2018—2021年《河北省统计年鉴》、2020年各市社保基金决算数据计算得出

从当前结余这一指标来看，张家口市、秦皇岛市、唐山市、衡水市这四个统筹区的城乡居民医疗保险基金收入总额小于基金支出总额，当年的医疗保险基金产生了结余赤字，医保基金收支出现了倒挂的问题，需要引起高度警惕。从医保基金累计结余可支付月数这一指标来看，2020年唐山市、廊坊市、保定市医疗保险基金结余支付水平在安全警戒线以内，风险等级为绿色，目前医保基金运行较为安全，风险较低。衡水市、邢台市、辛集市的医保基金的累计结余可支付月数略大于9个月，表明这三个地市存在着一定的闲置医疗保险资金，医保基金的利用率相对低下，但并没有违背医保基金收入略大于医保基金支出的原则，因此也将其风险等级划为绿色。其他地市的医疗保险基金结余量或多或少都较为危险，特别是秦皇岛市的医疗保险基金累计结余水平仅为2.2个月，风险等级为红色，当前医疗保险基金结余过低，明显无法满足当年的医疗保险基金支出需求。

此外，近年来新冠疫苗的采购和接种费用主要由医疗保险基金的滚存结余和政府的财政资金承担，居民个人无须承担费用。近两年来，河北省每年都会从城乡居民基本医疗保险基金专户中上交大笔资金用于新冠疫苗的采购与居民接种工作，给医保基金支出带来了较大的负担，而在计算医保基金累计结余时并未将这部分支出扣除，若扣除后，河北省大多数地市的医保基金结余水平将会进入危险标准。若不能及时改变这种现状，对基金收支加以控制，做到开源与节流，保持医保基金收支平衡，河北省各地市的城乡居民基本医疗保险基金在未来几年可能均会产生支出缺口，医保基金穿底的局面很有可能会提前到来，不断消耗医疗保险基金累计结余，严重影响基金运行的可持续性。

3. 河北省城乡居民基本医疗保险基金风险的成因分析

目前，河北省存在着诸如参保人数趋于下降、医保基金收支倒挂等一系列问题，在运行过程中还可能会出现医保基金累计结余穿底的状况，严重威胁着河北省城乡居民医保基金的健康平稳运行。河北省城乡居民医保基金存在风险的主要原因如下。

（1）参保人数持续下降

从表7-5可知，河北省各地市的参保人数增幅在2017—2020年间基本上都有着不同程度的下降，并且近两年参保人数的下降幅度愈发增大。这直接导致了医保基金收入减少。对于居民医保参保人数的大幅下降，可以从两方面的原因进行分析。

表7-5 2020年河北省各市城乡居民基本医保参保情况

	2017 参保人数（亿元）	2017 增幅	2018 参保人数（亿元）	2018 增幅	2019 参保人数（亿元）	2019 增幅	2020 参保人数（亿元）	2020 增幅
石家庄	724.1	1.7%	728.8	0.6%	729.9	0.2%	726.6	-0.5%
承德	299.4	0.5%	296.7	-0.9%	293.5	-1.1%	289.9	-1.2%
张家口	344.7	7.5%	336.6	-2.3%	337.6	0.9%	329.6	1.2%
秦皇岛	209.5	2.9%	207.4	-1.0%	204.1	-1.6%	201.4	-1.3%
唐山	542.5	0.4%	544.3	0.3%	536.8	-1.4%	526.6	-1.9%
廊坊	345.8	3.8%	347.1	0.4%	343.7	-1.0%	348.3	1.4%
保定	834.6	3.9%	838.2	0.4%	734.1	-12.4%	722.8	-1.5%
沧州	608.9	4.3%	610.5	0.3%	602.8	-1.3%	598.2	-0.8%
衡水	369.3	3.6%	360.4	-2.4%	361.3	0.3%	364.5	0.8%
邢台	640.8	2.2%	649.6	1.4%	650.9	0.2%	650.5	-0.1%
邯郸	812.2	7.3%	800.4	-1.4%	798.3	-0.3%	792.7	-0.7%
定州	103.3	0.9%	103.4	0.1%	102.2	-1.1%	100.7	-1.6%
辛集	53.7	1.8%	53.3	-0.7%	52.3	-1.9%	57.0	9.0%
全省	5896.2	3.5%	5884.1	-0.2%	5858.5	-0.4%	5803.3	-0.9%

数据来源：经2018—2021年《河北省统计年鉴》、2020年各市社保基金决算数据计算得出

第一，居民缺乏参保意识，参保意愿下降。城乡居民的参保意愿直接影响着医保基金的参保情况。随着医保基金个人筹资费用的逐步上升，很多居民参保意愿下降，选择不参保或是参加其他类型的医疗保险。

首先，城乡居民基本医疗保险的参保群体主要为城乡非从业人员，相对于参加职工基本医保的人群而言往往经济条件有限，他们更愿意将收入用于购买日常生活用品上，对自身健康状况缺乏风险意识。大量青壮年认为自身身体健康状况良好，转而参加待遇水平更高的职工基本医疗保险，居民参保热情降低，导致这类群体参保人数下降。其次，部分参保人对医保政策不熟悉，心理预期过高。城乡居民基本医疗保险作为一项普惠性的待遇制度，参保人以非从业居民、学生为主，以住院报销为主要的补偿方式。但一些参保人并不熟悉政策内涵，误认为参保后可以报销全部的医疗费用，从而在就医后其参保意愿会有所降低，甚至会影响其他亲友的参保意愿。最后，目前基层经办机构力量薄弱，存在"就医难"的问题。除了部分市

区试点推行医保队伍建设，河北省其他大部分县区还面临着医疗保障队伍缺失的现实问题。这使得很多医保服务不能深入基层，很多群众参保后仍就医困难。虽然目前各地市参保率仍然维持在高位，但是参保人数负增长的情况使得河北省城乡居民基本医疗保险基金收入增长缺乏内在动力，基金的"收支平衡"面临着巨大的挑战。

第二，老龄化进程加快，参保结构失衡。从参保人员的构成来看，河北省城乡居民医疗保险参保结构较为失衡。从表7-6可以得到，在当前人口老龄化进程逐步加快的背景下，在释放了"全面二孩"政策带来的生育势能后，河北省出生率迅速下滑，进入了出生率趋于稳定下降的模式，各地区的人口结构都呈现出明显的老龄化趋势。尽管从整体上看，近年来河北省城乡居民医保参保人数出现负增长的情况，但老年人口占总人口的比重持续增加，而出生率逐步下降，特别是承德市、张家口市、秦皇岛市等9个地区的65岁以上老年人口占总人口的比重甚至超过了14%。这类群体对于就医的需求越发强烈，而大量18~59岁的青壮年认为自身身体状况良好，转而参加待遇水平更高的职工基本医疗保险，因此导致了参保结构较为失衡。如果维持当前的筹资标准，河北省医保基金收入很可能会出现负增长，这给医疗保险基金运行的健康发展带来了不小的压力。

表7-6 2020年河北省各地市人口年龄构成情况

地区	各年龄段占人口的比重（%）							
	0~14岁		15~59岁		60岁及以上		65岁及以上	
全省	20.22	59.92	19.85	13.92	20.22	59.92	19.85	13.92
石家庄	19.48	62.48	18.04	12.52	19.48	62.48	18.04	12.52
承德	17.71	60.29	21.99	14.08	17.71	60.29	21.99	14.08
张家口	15.22	59.72	25.06	17.64	15.22	59.72	25.06	17.64
秦皇岛	15.17	61.47	23.36	16.23	15.17	61.47	23.36	16.23
唐山	16.56	60.62	22.81	15.98	16.56	60.62	22.81	15.98
廊坊	19.82	63.33	16.85	11.68	19.82	63.33	16.85	11.68
保定	19.55	60.67	19.77	14.08	19.55	60.67	19.77	14.08
沧州	22.31	57.96	19.72	14.13	22.31	57.96	19.72	14.13
衡水	19.41	58.76	21.83	15.90	19.41	58.76	21.83	15.90
邢台	24.11	57.48	18.41	12.96	24.11	57.48	18.41	12.96
邯郸	25.67	57.18	17.15	11.95	25.67	57.18	17.15	11.95
定州	19.38	60.2	20.42	14.31	19.38	60.2	20.42	14.31
辛集	16.13	16.13	26.12	18.93	16.13	16.13	26.12	18.93
雄安新区	21.97	59.96	18.07	13.05	21.97	59.96	18.07	13.05

数据来源：经河北省第七次人口普查公报计算得出

（2）筹资机制不够完善

河北省城乡居民基本医疗保险基金收入增长乏力，筹资标准的稳定增长无法带动基金收入的同步增长，使之不能够实现可持续性发展。这表明当前的医保基金筹资机制存在一定的问题，使得河北省城乡居民基本医疗保险基金的内在动力不足，医保基金运行存在风险。

1）医保基金筹资机制有悖公平原则

目前，河北省城乡居民基本医疗保险制度采取政府按人均定额补助与居民个人定额缴费相结合的筹资机制，根据收支平衡的需要每年进行适当的上调。这种筹资机制在操作上简便易行，容易理解，在实施之初利于向民众宣传。但该筹资方式缺乏动态调整机制，没有充分考虑城乡居民个人的收入差距，统一的筹资标准使得现行筹资机制在一定程度上有违公平性。将2020年河北省各市（含定州市、辛集市）城乡居民医保基金个人缴费筹资标准与城乡居民人均可支配收入进行比较，如表7-7所示。2020年，河北省城乡居民基本医疗保险基金个人缴费标准均为250元，河北省各市城乡居民人均可支配收入差距十分明显，农村居民负担的个人缴费占人均可支配收入的比重明显高于城镇居民负担的个人缴费占人均可支配收入的比重。河北省各地区城乡经济发展水平差距较大，但却采用统一的个人缴费金额，均等化的筹资标准忽视了城乡居民自身的支付能力差距，给农村居民特别是低收入群体带来了较大的缴费压力，造成了实际负担的不公平。

表7-7 2020年河北省城乡居民医保个人缴费与人均可支配收入情况

地区	个人缴费（元）	农村 居民人均可支配收入（元）	个人缴费占人均收入的比重（%）	城镇 居民人均可支配收入（元）	个人缴费占人均收入的比重（%）
石家庄	250	16947	1.48%	40247	0.62%
承德	250	13190	1.90%	33918	0.74%
张家口	250	14166	1.76%	35595	0.70%
秦皇岛	250	16088	1.55%	39931	0.63%
唐山	250	20687	1.21%	44337	0.56%
廊坊	250	19723	1.27%	45712	0.55%
保定	250	16883	1.48%	34112	0.73%
沧州	250	15909	1.57%	37838	0.66%
衡水	250	15100	1.66%	33223	0.75%

续表

地区	个人缴费（元）	农村 居民人均可支配收入（元）	个人缴费占人均收入的比重（%）	城镇 居民人均可支配收入（元）	个人缴费占人均收入的比重（%）
邢台	250	14943	1.67%	33109	0.76%
邯郸	250	16888	1.48%	35498	0.70%
定州	250	19112	1.31%	37980	0.66%
辛集	250	20407	1.23%	39142	0.64%

数据来源：经2021年《河北省统计年鉴》计算得出

2）医保基金筹资责任的划分不够合理

目前，政府财政补助与居民个人缴费是医保基金筹资的主要来源。虽然财政补助在医保基金筹资标准中的比重逐年下降，但始终是河北省医保基金收入的主要来源。政府在医保基金筹资中扮演着十分重要的角色，但如果逐步弱化居民个人的责任，就会在一定程度上助长道德风险，引起医保基金不必要的浪费。此外，过重的筹资负担也会给一些经济增长乏力的地区带来沉重的压力。

3）提高缴费标准的政策难以落实，影响基金收入

2019—2021年，国家、省出台的参保居民缴费标准分别为250元/人、280元/人和320元/人。由于居民基本医疗保险制度采用保费预缴制，各地一般在每年9~12月预缴下一年度参保费。而国家缴费标准通常在次年5、6月才出台。在国家标准出台后由于缴费期已经结束，而按国家标准进行二次缴费又会遭到居民的抵触，工作开展难度较大。因此，各地在居民保费的收缴上基本采用上年度标准。2019—2021年，各地实际缴费标准一般为每人每年220元、250元和280元，与国家政策标准存在一定差距。近三年，按照国家缴费标准测算，居民缴费到位率分别为88%、89.3%和87.5%。从客观情况来看，医保基金缴费方式也不够完善，代缴工作难以进行。目前河北省城乡居民医保的缴费工作由税务机关接管，从过去的村（社区）集体代缴转变为银行签约代缴，这便引发了一系列的问题。一方面，对于很多参保人特别是老年人来说手机操作较为困难，他们对参保的申报流程不熟悉，代缴工作难以进行。另一方面，目前银行的签约代缴系统还不完善，错缴漏缴的状况还时有发生。最后，由于银行签约代缴具有很大的自主性，

很多参保人选择拖欠缴费，给基金的缴费工作带来了很大的困难。

（3）居民医疗需求持续攀升

河北省各市城乡居民基本医疗保险基金支出的增幅呈现出超过医保基金收入增幅的趋势，出现了医保基金收支增幅倒挂的情况。产生这一问题的根本原因是广大人民群众对于医疗服务的需求持续增长。

1）居民就医需求加大，医疗成本明显提高

从居民参保的主观性角度来看，居民对医疗服务的需求自然增加。在我国加快推进医药改革的大背景下，河北省政府逐步完善城乡居民医疗保险制度，医疗保险报销政策更加合理和人性化，医保服务项目和药品目录也更加丰富，参加医疗保险能够极大地缓了人民群众的就医压力，提高他们参保的积极性。并且，随着科学技术的发展，医疗诊断技术不断进步，医疗机构的医疗器械越发先进，医疗服务人员的工作能力不断提高，人民群众对于健康保健意识增强，对于居民医疗保险需求持续攀升。张霄艳等人（2016）提出，住院费用与医保基金支出呈现显著的正相关关系，人均住院费用的增加会引起医保基金支出的同步增加。[1]河北省城乡居民享受住院待遇人次以及人均住院费用这两项近年来都明显提高，使得河北省城乡居民医保基金统筹支出迅速增加。特别是受新冠疫情影响，城乡居民的就医需求不断加大，入院成本明显提高，使得河北省城乡居民基本医疗保险基金支出持续上涨。

②医疗卫生体系不完善，医疗资源分配不合理

从客观原因来看，医疗资源相对有限。虽然河北省各地区工作人员、医疗设备数量每年都迅速增加，但是医疗资源仍然十分缺乏。特别是基层医疗卫生机构资源相较于一级、二级医疗定点机构而言明显匮乏。医疗卫生服务体系不完善，各级医疗机构之间资源分配极不合理，基层医疗机构很难吸引到医学方面的人才。并且农村等基层医疗机构自身的医疗卫生服务条件相对较差，提供的医疗服务水平亟待提高。偏远地区、特殊困难群体仍然就医难、看病贵，其就医需求得不到满足。此外，考虑特殊政策对

---

[1] 张霄艳，赵圣文，陈刚. 大病保险筹资与保障水平现状及改善[J]. 中国社会保障，2016（09）：81-82.

城乡居民基本医疗保险的影响，在新冠疫情影响下，新冠疫苗的采购和接种费用主要由医疗保险基金的滚存结余和政府的财政资金承担，居民个人无须承担费用。近两年来，随着全民接种的号召，城乡居民对于新冠疫苗的接种需求越来越大，河北省每年都会从城乡居民基本医疗保险基金专户中划拨大笔资金用于新冠疫苗的采购与居民接种工作，这在医保基金收入增长乏力的同时，给医保基金支出带来了较大的负担。

（4）基金监管力度不足

医保基金监管问题的有效解决，关系到城乡居民基本医疗保险基金能否长期运行。在国家不断深化"放管服"改革的背景下，河北省积极构建全过程、全领域的基金安全监管机制，严厉打击各类医保基金诈骗行为。但是，持续的高压监管使得相关经办机构面临着巨大的压力，欺诈骗保等违法违规行为依旧时有发生，给医疗保险基金带来了不必要的浪费与流失。

1）监管部门效率低下，监管手段较为落后

自国家深化推进"放管服"改革以来，河北省医疗服务机构的数量快速增加。但与此同时，欺诈骗保等违规行为依旧无法杜绝。目前河北省积极推行全民参保，城乡居民均可以享受基本医保待遇，但河北省医疗保险制度的设计不够合理，医疗保障基金制度建设有待健全，监管机构的监管能力、监管手段较为乏力，医保基金监管方法较为落后，难以实现对城乡居民基本医疗保险基金的实时动态监管。作为主要监管部门的医保经办机构，应坚决维护医保基金的公平性，对于打击不法分子的医疗保险基金欺诈行为始终都应该保持着高压态势。但目前河北省医保基金监管大多采用事后监督模式，缺乏专业化的医保基金数据监督管理信息系统，相关配套措施明显滞后，监管机构工作人员日常监管容易松懈，审核不够及时主动，医疗经办机构不能做到对基金流向的实时检测，医保基金诈骗案件只能够发现一件追回处理一件，当发现骗保情况时往往早已发生，造成了城乡居民基本医疗保险基金的流失。

2）违法成本相对较低，道德风险频发

医疗保障服务本身具有特殊性，在提供医疗保障服务的过程中，由于医疗服务的提供者具有高度的专业性，使得参保人员和相关医疗保障经办机构与其之间掌握的信息存在高度不对称性，基层医疗保险监管困难，欺诈骗保等行为违法成本相对较低，无法彻底避免基金支付中的信息不对称和道德风险问题。

因此，一些医院或者医疗服务机构进行病例造假，甚至为了谋取私利会挤占、挪用医疗保险基金，这些欺诈骗保等恶意违规行为层出不穷，使得河北省城乡居民基本医疗保险基金收支严重失衡，医保基金监管效率不断降低。可见在利益的驱动下，此类违法违规行为会更为隐蔽和多样化。例如，为了谋取私利，医疗机构之间串通收费、空开处方、病例造假、虚构服务项目、过度诊疗、重复收费等违法违规行为层出不穷，某些医疗机构甚至私自挤占、挪用医疗保险基金，使城乡居民基本医疗保险基金收支失衡，严重影响了基金运行的效率；一些不法分子利用医保政策制定过程中的监管漏洞，在就医时冒用或者盗刷其他参保人的社保卡，导致出现就医时人卡不符、挂床住院、虚开发票进行异地就医，长期骗取医保基金的情况，造成了城乡居民医保基金的流失。

（5）医药卫生改革对居民医保的政策配套要求加大了基金运行压力

药品零差率改革、家庭签约医生、公共卫生城乡一体化改革等均要求城乡居民基本医保基金提供配套资金。其中，一般诊疗费是对乡镇卫生院和村卫生室安排的药品零差率改革补贴，不少地区政策要求以每人每年20元的封顶线由医保基金安排；诊察费是对三级医院药品零差率改革的补贴，现行政策要求三级医院15元挂号费中参保患者只出1元，其余14元由医保基金补助医院；家庭签约医生补贴是对家庭签约医生提供服务的补贴，政策要求对每位签约医生提供的签约服务由医保基金出资补助10元。这些医药和公共卫生领域的改革举措由医保基金出资，不仅混淆了医药卫生与城乡居民基本医疗保险支出的性质，也对医保基金构成了一定的支出压力。

二、完善河北省城乡居民基本医保基金运营的建议

（一）提高居民参保意愿

参保人数是影响医疗保险基金收入最直接的因素之一，参保人数的多少关系着基金收支的平衡与否。当前，城乡居民的参保积极性下降，河北省各地市的城乡居民医保参保人数呈现出下降的趋势，使得医保基金收入

增长乏力。针对这一情况，政府可以从加大医保宣传力度，提高经办机构服务能力，完善筹资缴费方式等方面来激发城乡居民的参保积极性。

1. 加大医保宣传力度，激发居民参保热情

很多城乡居民对于城乡居民基本医疗保险的政策内涵并不了解，对于该项政策的心理预期过高，误认为参保后可以报销全部的医疗费用，从而在就医后其参保意愿会有所降低，甚至会影响其他亲友的参保意愿。因此，医疗机构要通过各种渠道加大对城乡居民基本医保的宣传力度，增强人民群众对于参保待遇、报销比例等方面的了解，让人们认识到城乡居民基本医疗保险是一项惠民共济的普惠性政策，医疗机构不仅要让60岁以上的老年人乐意参保，还要让广大青壮年参与其中，实现全民参保。同时要强化医疗经办机构等相关部门在城乡居民医保普及工作中的作用，任用专业有关人员，通过设置宣传板报，利用微信微博等社交媒体发布科普文章，进行宣传演讲，举办医保政策知识竞赛，组织社区村民免费体验医疗服务等方式，向广大人民群众宣传与解读医保政策内涵，提高他们参保的积极性与主动性。

2. 提高经办机构服务能力，完善筹资缴费方式

针对当前基层经办机构力量薄弱，存在"就医难"的问题，政府要加强基层医保机构体系建设，逐步提升经办机构服务能力，提供优质化、智能化的服务环境，在全省试点推行医保员队伍建设，让更多的医保服务能够深入基层，实现群众"就近办保"、医保员"上门办保"。河北省城乡居民基本医疗保险的缴费方式由原来的村（社区）集体代缴改为银行签约代缴，虽然能够在一定程度上缓解村（社区）集体挤占、挪用医保基金的问题，但参保人特别是老年人对医保基金筹资新的缴费方式不熟悉，需要医保经办机构、税务机关、银行相互协作，任用专业的讲解人员，宣讲银行签约代缴缴费方式的申报流程；应加快推进医疗保险基金信息化建设，完善银行签约代缴系统，从根源上解决错缴漏缴的问题；针对恶意拖欠医保上缴费用的单位和个人，可以通过暂停其医保待遇以及征收滞纳金等措施，提高筹资缴费的效率。

（二）努力实现医疗保险基金的保值增值

1. 有效规划银行存款结构

银行存款除了传统的活期及定期存款外，还有近年来受到关注的新形式——大额存单。大额存单产品推出以来，相比于同样年限的定期存款，收益率更可观，且其可以在短期内变现，符合医疗保险基金高流动性的要求。结合医疗保险基金需及时周转的特点，通过合理规划银行存款结构中大额存单的比例，力求在保证基金正常运转衔接的基础上，尽可能提高基金收益水平。

2. 合理加入债券投资

一般而言，债券分为国家和地方性政府债券、银行债券和非银行的金融性质债券、企业债券和公司债券，主要分为1年、3年、5年和10年期限，市场波动较小，有较稳定的利息收入，适合厌恶投资风险的医疗保险基金。其中，国家债券虽然收益不及其他类型的债券，但它的安全性最高，为医疗保险基金投资首选，可适当增加债券的投资比例，使医保基金投资组合结构更平衡合理。

3. 委托专业机构进行适当比例股票投资

加入股票投资，是实现组合投资高收益的必然要求。综合考虑到医疗保险基金风险偏好及流动性要求高等特点，股票在投资中比例不宜过高，最好控制在10%以内，以达到风险可控的目标。此外，医疗保险基金参与股票资本市场运作的方式主要有两种，一种是基金监管部门直接将基金投资于股票市场，自行操作，以获取股票、衍生产品、指数型基金等买卖收益；另一种是通过公开招标的方式，在支付管理服务费的情况下，委托社会资产投资管理机构进行基金投资运营。相较于前者，第二种模式的优势更为明显，社会投资管理机构拥有专业的投资团队、敏感的市场触角、专业的投资理念、科学的分析方法等可靠特点。鉴于当前医疗保险基金管理部门缺乏专业的投资知识和人才，更适合医疗保险基金的运营需求。

4. 尝试参与PPP项目投资

医疗保险基金可以尝试投资于城市地铁、高铁、互联网等PPP发展项目，带动实体经济的发展，获取经营收益，共享城市发展的成果。虽然基础设施等实业项目资金要求量大、投资期长，但风险相对较小，后期收益可观且持久,甚至会有较为丰厚的回报额,符合医疗保险制度持续性发展的要求。

综上,河北省城乡居民基本医疗保险结余基金的投资组合方案,可考虑以风险较低、流动性较强、收益较稳定的银行定期存款、国家债券、大额存单等投资为主,同时适当加入股票、基金、金融债券等风险较大、收益较高的产品,多渠道投资,但需综合考虑行业生命周期及老龄化等风险,利用投资模型定量分析确定投资组合,平衡好资金的流动性与收益率,以实现医保结余基金保值增值的目标。

（三）逐步完善筹资机制

当前医保基金筹资方式不够健全,提高缴费标准的相关政策难以落实,使得筹资标准的稳步增长无法带动医保基金收入的同步增长,医保基金收入增速缓慢。为此,需要调整基金筹资缴费机制,适当给予特殊困难群体以政策上的倾斜。

1. 科学调整筹资机制,切实保障特殊群体需求

《关于深化医疗保障制度改革的意见》提出,基本医疗保险基金的个人缴费应与经济社会发展水平以及居民自身支付能力相适应,这为河北省城乡居民基本医疗保险从定额缴费模式转为按比例缴费模式提供了政策依据。河北省可以根据城乡居民医保基金收支情况、人均可支配收入差异等因素,确定城乡居民不同档次的缴费率,使城乡居民可以根据自身实际选择适当的项目参保,建立起缴费责任与城乡居民可支配收入相挂钩的筹资标准调整机制,实现居民个人缴费的动态调整。此外,为了切实保障低收入群体对医疗服务的需求,河北省在充分考虑居民可支配收入差距的基础上,加大对特殊群体的财政补助,给予残疾、老人等各类低收入群体适当的倾斜性照顾,在起付线、报销比例等方面给予更高的医疗保障待遇,减轻个人就医支付压力。

2. 合理划分筹资责任,发挥基金共济作用

城乡居民基本医疗保险基金筹资标准的划分,应当充分考虑财政补贴与居民个人的负担能力,明确各自的筹资责任,形成科学合理的筹资标准划分机制,以实现基金收支的可持续发展。目前,政府财政补助在城乡居民基本医疗保险基金筹资中所占比重较大,如果过于依赖财政的支持,会

给政府带来较大的支出负担，医保基金运行将会面临很大的风险。如果居民个人缴费在基本医疗保险基金筹资中的比重过高，会影响参保率，降低人民群众的生活水平；反之，如果个人缴费比重过低，则会逐步弱化个体的筹资责任，使得道德风险问题频发，引起医保基金不必要的浪费。因此，河北省应根据政府财政收入水平与居民人均可支配水平的比例，制定科学合理的筹资标准。

3. 采取切实措施解决居民缴费标准执行不到位的问题

各级政府应高度重视居民医保基金缴费标准执行不到位对基金安全运行的影响。具体建议：一是国家出台年度居民缴费标准的时间提前到缴费期开始之前，对由此导致的预算审批问题，可考虑用编制临时预算的方式解决。二是若国家标准提前出台存在困难，省政府可根据上年度基金运行情况和居民承受能力在国家缴费标准出台之前先行出台本省标准。三是若国家和省级层面居民缴费标准在缴费期开始之前出台存在困难，可考虑对居民缴费期进行调整，由目前的一次缴费制改为两次缴费制，并在部分统筹区进行缴费期改革试点。第一次缴费按上年度标准执行，时间为每年 9 月至 12 月之间。第二次缴费按本年度缴费标准和上年度标准的差额进行补缴，时间在国家标准出台以后。由于居民参保待遇不断提高和参保意识增强，采用两次缴费制对居民参保积极性和参保率影响有限。对由此造成的参保居民抵触问题，可通过加大政策宣传和解释力度，争取参保居民理解和支持。

（四）建立完善的监管系统

要保证医保基金投资经营的稳健运行，必然需要配套的法律制度、准入规则、运作模式等。建立监管系统，有利于跟踪投资运营情况，制止违规行为发生，使医疗保险结余基金管理更加规范化、合法化。

1. 构建完善规范的投资监管法制体系

医保基金监管的法制系统是基金管理与营运得以顺利实行的制度保障。随着改革开放的深入发展，我国法治化进程进入加速发展阶段，在完善社会保险法律体系过程中，加强医疗保险基金监管也被提上议程。监管法制体系包括两个层次。①制定配套的法律法规，为监管工作的推行提供强有力的法律依据，包括：进一步完善《社会保险法》《社会保险费征缴条例》，建立《社会保险基金投资管理条例》《社会保险基金投资监管条例》等。②成立专门的医保基金监管部门，加强对医保基金管理运营的日常监督管理，避免滋生腐败，出现以权谋私、暗中交易等不良现象。

2. 制定市场准入资格

当前，我国资本市场发展不成熟、资产投资管理机构运营水平参差不齐，在允许资产管理公司参与基金运营前，医疗保险基金监管部门需要对投标的机构进行严格的资格审查。无论是由专门机构如社会保险银行或社会保险基金理事会构建相对集中的营运机构，还是构建分散的、适应的、竞争的医疗保险基金管理公司，抑或委托现有金融机构、保险机构实行社会保险基金的投资营运，都必须高度重视对营运机构的审批程序和严格的资格审查。

3. 实行基金分离机制

为方便对医保基金进行实时监管，降低医保基金的运营风险，我国医疗机构需通过制度明确要求基金管理人及托管人的资产与其运营的医保基金区分开，设立专门投资账户，避免运营机构人员挪用或占用医保基金，或因机构本身经营不善破产而使医保基金遭受损失。

（五）引入风险预警机制

1. 设立投资风险准备金机制

为了加强医保结余基金抵抗投资风险的能力，医疗机构需引入风险准备金机制，按照一定比例从每年的投资收益中提取风险准备金、盈余准备金。一旦出现亏损或实际回报率偏低时，即可启动准备金制度，优先使用盈余准备金填补，盈余准备金不足时，再用风险准备金。当医保基金的投资收益率连续3年达不到协议要求时，医保基金监管部门当年将不支付托管人、管理人的基金管理费。

2. 建立风险信息披露机制

传统的信息披露机制侧重于披露过去的经营信息及一般性的风险状况。而以风险为基础的信息披露机制强调的是对基金运营的整体性、未来的风险提出预警。医疗费支出受不确定因素的影响，及时披露风险信息显得十分必要，这是医疗保险基金运营安全性的必然要求。信息披露机制的建立，是为了帮助监管部门掌握将面临的风险，及时制定风险应对方案。同时，也有助于受托运营机构理性地评估选择投资组合。当社会爆发重大流行性疾病时，相关部门应及时披露医疗保险基金支出的风险信息，便于监管部门启动应急方案，运营机构调整投资策略，避免出现临时资金短缺的混乱局面。

（六）建立结余基金管理的绩效考核制度

医疗保险结余基金管理的绩效考核应当包含两个层次：①对于基金运营的受托机构的考核。如对于股票、国债等采取委托方式进行投资运营的项目，河北省应定期对城乡居民基本医疗保险结余基金运营绩效进行考核。如要求运营机构每三个月、每六个月，每一年提交正式的投资情况报告，出现紧急情况或重大投资变化时，应及时与医保基金监管部门沟通反馈。通过制定严格的考核标准及淘汰制度，降低投资风险。医保基金运营的绩效考核制度可将定期的投资收益率作为主要指标，定期排名并对外公开，按照事先约定，淘汰运营效果不理想的机构，形成竞争机制，避免属于广大参保人的医保基金遭受不必要的损失。②对于基金管理部门的绩效考核。尽可能细化考核的指标，并落实到政府管理部门相对应的工作岗位及工作人员身上，将结余基金的管理效果与其年度工作考核、升迁相挂钩，增强其工作责任感，定期考核其基金管理绩效，从制度上要求每个相关岗位的工作人员履行好其管理职责，更好地保障普通参保群众的利益。

（七）明确界定医药卫生和医疗保险的支出边界

对药品零差率改革、家庭签约医生等医药卫生领域的改革措施，要求河北省政府对城乡居民医保基金提供配套资金的政策重新审视和研究。目前，一般诊疗费是对乡镇卫生院和村卫生室安排的药品零差率改革补贴。诊察费是对三级医院药品零差率改革的补贴。家庭签约医生补贴是对家庭签约医生提供服务的补贴。药品零差率改革和家庭医生签约属于医药卫生领域的改革举措。一方面，医药卫生改革与医疗保险虽然都是政府责任，却是两种不同性质的公共服务。前者属于一般性公共服务，其支出应由政府公共预算安排，其收入应来源于税收。而医疗保险属于专项公共服务，其支出由社会保险基金预算安排，收入主要来源于参保人的缴费和财政补助。另一方面，医药和公共卫生领域的改革举措由医保基金出资配套，不仅混淆了公共卫生与城乡居民基本医疗保险支出的性质，扩大了医保基金的支出范围，也对捉襟见肘的医保基金的安全运行构成了较大压力。

因此，需要明确界定医药卫生与医疗保险的支出边界，切实减轻居民医保基金的支出配套压力。首先要对居民医保基金配套政策进行清理，审慎出台新的医保基金配套政策。其次，必要的医药卫生改革举措由财政另行安排公共卫生经费解决，以减轻医保基金的"越位"支出负担。最后，在政策清理完成之前，相关部门要严格家庭签约医生服务的考核，加强家庭医生签约补助、一般诊疗费和诊察费的支出控制。县（区）级卫健部门会同相关部门切实履行对一般诊疗费适用范围内的乡村医生基本医疗服务的认定和考核责任。对乡村医生提供家庭医生签约服务的或村卫生室未实施药品零差率销售的情况，不得纳入一般诊疗费政策范围。

参 考 文 献

1. 报纸

[1] 王鸿. 事业单位改革的基本法律问题[N]. 中国经济时报，2005-12-06.

[2] 中共中央政治局第九次集体学习[N]. 人民日报，2013-09-30.

[3] 习近平. 深化改革发挥优势创新思路统筹兼顾，确保经济持续健康发展社会和谐稳定[N]. 人民日报，2014-05-11.

[4] 习近平：谋求持久发展，共筑亚太梦想——在亚太经合组织工商领导人峰会开幕式上的演讲[N]. 人民日报，2014-11-09.

[5] 习近平. 谋求持久发展，共筑亚太梦想——在亚太经合组织工商领导人峰会开幕式上的演讲[N]. 人民日报，2014-11-10.

[6] 习近平在中共中央召开党外人士座谈会上重要讲话[N]. 人民日报，2014-12-06.

[7] 新华社. 2014中央经济工作会议，习近平发表重要讲话[N]. 2014-12-09.

[8] 习近平在江苏调研：主动把握和积极适应经济发展新常态[N]. 人民日报，2014-12-15.

2. 论文专著

[1] 徐颂陶，徐理明. 神圣的天职——中国现代人事管理[M]. 北京：中国人事出版社，1996.

[2] 成思危. 中国事业单位改革——模式选择与分类引导[M]. 北京：民主与建设出版社，2000.

[3] 赵立波. 事业单位改革——公共事业发展新机制探析[M]. 济南：山东人民出版社，2003.

[4] 毛程连. 国有资产管理学[M]. 上海：复旦大学出版社，2005.

[5] 查道林，马晓霞，朱明. 我国高校教育成本核算方法探讨[J]. 财会月

刊，2008（08）．

[6] 安林．高校财务管理存在的问题与对策研究[D]．哈尔滨理工大学，2009．

[7] 李海波，刘学华．新编预算会计[M]．上海：立信会计出版社，2011．

[8] 财政部事业单位财务规则讲座编写组．事业单位财务规则讲座[M]．北京：测绘出版社，2011．

[9] 赵勤．高校教育成本计量探讨[J]．财会通信·理财，2012（01）．

[10] 中共中央文献研究室．关于全国深化改革论述摘编[M]．中央文献出版社，2014．

[11] 十八大以来重要文献选编（上卷）[M]．北京：中央文献出版社，2014．

[12] 张霄艳，赵圣文，陈刚．大病保险筹资与保障水平现状及改善[J]．中国社会保障，2016（09）：81-82．

[13] 习近平．决胜全面建成小康社会 夺取新时代中国特色社会主义伟大胜利[M]．北京：人民出版社，2017．

[14] 党的十九大报告辅导读本[M]．北京：人民出版社，2017．

[15] 习近平谈治国理政（第2卷）[M]．北京：外文出版社，2018．

[16] 胡贵强．行政事业单位财务风险的防范与管理[J]．中国集体经济，2019（24）．

[17] 吴京原．行政事业单位经济管理的实现路径探索[J]．中小企业管理与科技（下旬刊），2020（04）．

[18] 刘鑫．财务风险防范视角下的行政事业单位内控管理[J]．中国乡镇企业会计，2020（10）．

[19] 王少军．对行政事业单位经济管理目标实现路径的思考[J]．今日财富，2021（05）．